समर्पण

स्वर्णप्रस्थ की गाथा

उस पावन भूमि को –

जिसकी मिट्टी में महाभारत की स्याही मिली है,

जिसके कण-कण में श्रीकृष्ण के चरण-चिह्न हैं,

जिसे युगों ने स्वर्णप्रस्थ कहा

और जिसे आज हम सोनीपत के नाम से जानते हैं।

उन पूर्वजों को –

जिन्होंने 3526 वर्ष पूर्व

यमुना के पावन तट पर

इस स्वर्णिम नगर की नींव रखी,

जिनका नाम इतिहास ने भुला दिया

किंतु जिनकी विरासत आज भी

स्वर्णप्रस्थ की गाथा : 3526 वर्षों का अनसुना इतिहास

इस मिट्टी में जीवित है।

उन वीर पांडवों को –

जिनके लिए यह स्वर्णप्रस्थ

केवल एक नगर नहीं

अपितु स्वाभिमान का प्रतीक था,

जिसके लिए उन्होंने युद्ध स्वीकार किया

किंतु अन्याय नहीं।

भारतीय सेना को –

जिसने मुझे अनुशासन दिया,

देशभक्ति का पाठ पढ़ाया

और यह सिखाया कि

मातृभूमि की सेवा

केवल शस्त्र से नहीं

कलम से भी होती है।

मेरी जन्मभूमि रामनगर, गन्नौर को –

स्वर्णप्रस्थ की गाथा : 3526 वर्षों का अनसुना इतिहास

जहाँ की माटी ने मुझे जन्म दिया,

जहाँ की हवाओं ने मुझे पाला,

जो सोनीपत से केवल 21 किलोमीटर दूर है

किंतु मेरे हृदय के सबसे निकट है।

और उन समस्त पाठकों को –

जो इतिहास को केवल पुस्तकों में नहीं

अपनी आत्मा में जीते हैं,

जो यह मानते हैं कि –

ज्ञान सबका है,

इतिहास सबका है,

और यह धरोहर आने वाली पीढ़ियों की अमानत है।

–नरेश दास वैष्णव निम्बार्क

सेवानिवृत्त नायब सूबेदार, भारतीय सेना

अंतर्राष्ट्रीय लेखक एवं सनातन वैष्णव बैरागी इतिहास शोधकर्ता

स्वर्णप्रस्थ की गाथा : 3526 वर्षों का अनसुना इतिहास

डिजिटल संस्करण

यह पुस्तक विश्व के प्रमुख डिजिटल मंचों पर पूर्णतः निःशुल्क उपलब्ध है। पाठक इसे पढ़ सकते हैं, डाउनलोड कर सकते हैं एवं अपने परिजनों व मित्रों तक निःशुल्क साझा कर सकते हैं। व्यावसायिक उपयोग पूर्णतः वर्जित है।

प्रथम संस्करण : 2026

भूमिका

स्वर्णप्रस्थ की गाथा

भारतवर्ष एक ऐसी भूमि है जहाँ इतिहास केवल पुस्तकों में नहीं – मिट्टी में, पत्थरों में और नगरों के नामों में जीवित रहता है। हरियाणा की पावन धरती पर स्थित सोनीपत ऐसा ही एक नगर है – जिसका नाम सुनते ही साधारण लगता है, किंतु जिसके इतिहास की गहराई में उतरते ही साढ़े तीन सहस्र वर्षों की स्वर्णिम सभ्यता सामने आ खड़ी होती है।

आज की पीढ़ी सोनीपत को एक औद्योगिक नगर के रूप में जानती है। किंतु बहुत कम लोग जानते हैं कि यह वही नगर है जिसे महाभारतकाल में स्वर्णप्रस्थ कहा जाता था – अर्थात् सोने का नगर। यह नाम व्यर्थ नहीं था। यह नगर वास्तव में अपने युग की समृद्धतम और गौरवशाली बस्तियों में से एक था।

3526 वर्ष पुराना यह नगर रोम से भी प्राचीन है

नई दिल्ली से उत्तर में 43 किमी दूर स्थित इस नगर की स्थापना संभवतः लगभग 1500 ईसा पूर्व में आरंभिक आर्यों ने की थी। यमुना नदी के तट पर यह शहर फला-फूला, जो अब 15 किमी पूर्व की ओर स्थानांतरित हो गई है।

जब यूरोप में रोम नगर का नामोनिशान भी नहीं था, तब यमुना के पावन तट पर स्वर्णप्रस्थ की सभ्यता अपनी पूर्ण उन्नति पर

थी। यहाँ के घाटों पर वैदिक ऋषि संध्यावंदन करते थे, यज्ञ की समिधाएँ जलती थीं और सनातन धर्म की परंपराएँ पल्लवित होती थीं।

इतिहासकारों के अनुसार इस नगर का नाम राजा सैन के नाम पर पहले सोनपत और बाद में सोनीपत पड़ा। द्वापर काल में यह स्वर्णप्रस्थ था – सोने का स्थान – और यह नाम इस नगर की समृद्धि और वैभव का प्रमाण था।

महाभारत और स्वर्णप्रस्थ का अटूट संबंध

हिन्दू महाकाव्य महाभारत में इस नगर का 'स्वर्णप्रस्थ' के रूप में स्पष्ट उल्लेख है। यह केवल एक भौगोलिक स्थान नहीं था – यह सनातन संस्कृति का एक जीवंत केंद्र था।

जब भगवान श्रीकृष्ण महाभारत युद्ध रोकने के लिए शांतिदूत बनकर हस्तिनापुर पहुँचे, तब पांडवों ने केवल पाँच नगरों की माँग रखी थी। वे पाँच नगर थे – पानीप्रस्थ अर्थात् पानीपत, इंद्रप्रस्थ अर्थात् दिल्ली, तिलप्रस्थ अर्थात् तिलपत, वृक्षप्रस्थ अर्थात् बागपत और स्वर्णप्रस्थ अर्थात् सोनीपत।

दुर्योधन ने कहा – सुई की नोक जितनी भूमि भी नहीं दूँगा। उसी एक हठ से महाभारत का महायुद्ध अनिवार्य हो गया। और उस हठ की कीमत में यह स्वर्णनगर भी था – जो पांडवों को नहीं मिला।

स्वर्णप्रस्थ की गाथा : 3526 वर्षों का अनसुना इतिहास

जिस नगर के लिए श्रीकृष्ण ने स्वयं शांतिदूत बनकर माँग की – उस नगर का इतिहास जानना प्रत्येक सनातनी का कर्तव्य है।

सनातन धर्म की जीवंत भूमि – स्वर्णप्रस्थ

स्वर्णप्रस्थ केवल एक राजनीतिक नगर नहीं था – यह सनातन धर्म की उपासना का केंद्र था। यहाँ की भूमि पर वैदिक यज्ञ होते थे, ऋषि-मुनि तपस्या करते थे और सनातन परंपराओं का पालन होता था।

सोनीपत के खरखौदा उपमंडल में स्थित छपड़ेश्वर मंदिर आज भी उस महाभारतकालीन युग का जीवंत प्रमाण है। इतिहास की मान्यता है कि महाभारतकाल में यहाँ खांडव वन में श्रीकृष्ण और अर्जुन आए थे और उन्होंने यहाँ पूजा-अर्चना की थी।

यह वह भूमि है जहाँ सनातन संस्कृति के बीज लगभग 3526 वर्ष पूर्व बोए गए और आज भी उसी परंपरा की सुगंध इस धरती में व्याप्त है।

पुरातत्व के प्रमाण – इतिहास झूठ नहीं बोलता

यह केवल धार्मिक आस्था नहीं – पुरातत्व विज्ञान ने भी इस नगर की प्राचीनता को प्रमाणित किया है।

वर्ष 1871 में यहाँ स्थित टीले पर की गई खुदाई में यौधेय काल के सिक्के तथा महाराजा हर्षवर्धन की तांबे से बनी मोहर प्राप्त

हुई। वर्ष 1866 में यहाँ से शोरा की मिट्टी से बनी दुर्लभ प्रतिमा मिली।

इस जिले में की गई खुदाइयों में सूर्ययक्ष, यक्षिणी, आदिशिव और नंदी की मूर्तियाँ प्राप्त हुईं। हर्षकालीन ताम्र मुद्राएँ और हर्षवर्धन के शिलालेख भी यहाँ से मिले हैं। ये सब प्रमाण मिलकर चिल्लाकर कहते हैं – यह नगर केवल कथा नहीं, यह सत्य है।

यह पुस्तक क्यों लिखी

मैं एक सेवानिवृत्त सैनिक हूँ। भारतीय सेना ने मुझे यह सिखाया – जो धरोहर खतरे में हो, उसकी रक्षा करो। आज सोनीपत का यह 3526 वर्ष पुराना इतिहास उपेक्षा के अंधेरे में खोता जा रहा है।

न विद्यालयों की पाठ्यपुस्तकों में इसका विस्तृत उल्लेख है, न युवा पीढ़ी इसे जानती है। जिस नगर के लिए स्वयं श्रीकृष्ण ने माँग की – उस नगर के निवासी अपने ही गौरवशाली इतिहास से अनभिज्ञ हैं। यह स्थिति एक इतिहासकार और एक सनातनी के रूप में मुझे व्यथित करती थी।

इस पुस्तक में केवल वही तथ्य लिखे गए हैं जो प्रामाणिक स्रोतों – विकिपीडिया, पुरातत्व विभाग की रिपोर्ट और इतिहासकारों के शोध – पर आधारित हैं। कोई भी काल्पनिक तथ्य इसमें सम्मिलित नहीं है।

स्वर्णप्रस्थ की गाथा : 3526 वर्षों का अनसुना इतिहास

यह पुस्तक उसी विस्मृत गौरव को पुनर्जीवित करने का एक विनम्र प्रयास है – ताकि आने वाली पीढ़ी जान सके कि वे किस महान भूमि की संतान हैं।

स्वर्णप्रस्थ की मिट्टी में महाभारत की स्याही मिली हुई है – जिसने इस भूमि को पैरों से छुआ, उसने इतिहास को स्पर्श किया।

–नरेश दास वैष्णव निम्बार्क

सेवानिवृत्त नायब सूबेदार, भारतीय सेना

अंतर्राष्ट्रीय लेखक एवं सनातन वैष्णव बैरागी इतिहास शोधकर्ता

www.nareshswaminimbark.in

लेखक के दो शब्द

स्वर्णप्रस्थ की गाथा

पाठकगण,

यह पुस्तक किसी विद्वान की लेखनी से नहीं निकली – यह एक सैनिक की लेखनी से निकली है। एक ऐसे सैनिक की, जिसने अपना यौवन मातृभूमि की सेवा में समर्पित किया और अब वार्धक्य में अपनी कलम को इतिहास की सेवा में लगाया है।

मेरा नाम नरेश दास वैष्णव निम्बार्क है। मैं भारतीय सेना में नायब सूबेदार के पद से सेवानिवृत्त हूँ। सेना ने मुझे अनुशासन दिया, देशभक्ति दी और यह सिखाया कि जो धरोहर खतरे में हो – उसकी रक्षा करो। आज सोनीपत का यह प्राचीन इतिहास उपेक्षा के अंधेरे में खोता जा रहा है – और यह पुस्तक उसी धरोहर की रक्षा का एक विनम्र प्रयास है।

यह विचार कहाँ से आया

सोनीपत – जिसे महाभारतकाल में स्वर्णप्रस्थ कहा जाता था – इस नगर से मेरा 62 वर्षों का आत्मीय संबंध है। जन्म से ही इस भूमि की मिट्टी मेरे रोम-रोम में बसी है।

स्वर्णप्रस्थ की गाथा : 3526 वर्षों का अनसुना इतिहास

जब मैंने देखा कि आज की युवा पीढ़ी नहीं जानती कि उनका सोनीपत रोम से भी प्राचीन नगर है – कि यहाँ की भूमि पर महाभारत के पात्र विचरे थे – कि इसी नगर के लिए श्रीकृष्ण ने स्वयं शांतिदूत बनकर माँग की थी – तब मन में एक बेचैनी जागी।

एक इतिहासकार की बेचैनी। एक सनातनी की बेचैनी। और एक सैनिक की बेचैनी – जो अपनी धरोहर को खोते नहीं देख सकता।

उसी बेचैनी ने यह पुस्तक लिखवाई।

तथ्यों की प्रामाणिकता

इस पुस्तक में केवल वही तथ्य लिखे गए हैं जो प्रामाणिक ऐतिहासिक स्रोतों पर आधारित हैं। पुरातत्व विभाग की खुदाइयों के प्रमाण, विकिपीडिया के संदर्भ, इतिहासकारों के शोध और महाभारत के मूल पाठ – इन सबसे तथ्यों की पुष्टि की गई है।

वर्ष 1871 में सोनीपत के टीले पर हुई खुदाई में यौधेय काल के सिक्के और महाराजा हर्षवर्धन की ताम्र मुद्रा प्राप्त हुई – यह पुरातत्व विभाग का अधिकृत रिकॉर्ड है। इस नगर का महाभारत में स्वर्णप्रस्थ के रूप में उल्लेख – यह हिंदी विकिपीडिया से प्रमाणित है।

कोई भी काल्पनिक तथ्य इस पुस्तक में सम्मिलित नहीं है। जो लिखा है, वह सत्य है – और सत्य के लिए मैं उत्तरदायी हूँ।

स्वर्णप्रस्थ की गाथा : 3526 वर्षों का अनसुना इतिहास

सनातन धर्म और इस पुस्तक का उद्देश्य

मेरा शोध सनातन वैष्णव बैरागी परंपरा पर केंद्रित रहा है। इस परंपरा ने मुझे यह सिखाया कि ज्ञान बाँटने से बढ़ता है, संजोकर रखने से नहीं।

स्वर्णप्रस्थ की यह गाथा केवल सोनीपत के निवासियों के लिए नहीं – यह प्रत्येक उस सनातनी के लिए है जो अपनी जड़ों को जानना चाहता है। जो यह जानना चाहता है कि इस देश की भूमि का कण-कण किसी न किसी पवित्र घटना का साक्षी है।

जब पांडवों ने पाँच नगर माँगे थे – उनमें यह स्वर्णप्रस्थ था। जब श्रीकृष्ण ने शांति का प्रस्ताव रखा था – इस नगर का नाम उनके मुख पर था। यह गौरव किसी एक व्यक्ति का नहीं – यह सम्पूर्ण सनातन समाज की धरोहर है।

इतिहास वह दर्पण है जिसमें राष्ट्र अपना भविष्य देखता है। जो राष्ट्र अपना इतिहास भूल जाता है – वह अपनी पहचान खो देता है।

कृतज्ञता

इस पुस्तक को लिखने में जिन प्रामाणिक स्रोतों का सहारा लिया गया, उन सभी इतिहासकारों और शोधकर्ताओं के प्रति मैं कृतज्ञ हूँ जिन्होंने इस नगर के इतिहास को संजोने का कार्य किया।

स्वर्णप्रस्थ की गाथा : 3526 वर्षों का अनसुना इतिहास

मेरे परिवार के प्रति भी आभार – जिन्होंने इस वार्धक्य में भी मेरी लेखनी को प्रोत्साहित किया।

और सर्वोपरि – भगवान श्रीमन नारायण के प्रति, जिनकी कृपा से यह कलम चली और यह गाथा लिखी गई।

पाठकों से एक ही निवेदन है –

इस पुस्तक को पढ़ें, जानें और अपनी आने वाली पीढ़ी को बताएं कि वे किस महान भूमि की संतान हैं। स्वर्णप्रस्थ केवल एक नाम नहीं – यह हमारी पहचान है, हमारी धरोहर है, हमारा गौरव है।

–नरेश दास वैष्णव निम्बार्क

सेवानिवृत्त नायब सूबेदार, भारतीय सेना

अंतर्राष्ट्रीय लेखक एवं सनातन वैष्णव बैरागी इतिहास शोधकर्ता

रामनगर, गन्नौर – सोनीपत, हरियाणा

www.nareshswaminimbark.in

स्वर्णप्रस्थ की गाथा : 3526 वर्षों का अनसुना इतिहास

जय श्रीकृष्ण | जय हिंद | भारत माता की जय

स्वर्णप्रस्थ की गाथा

— विषय सूची —

स्वर्णप्रस्थ की गाथा : 3526 वर्षों का अनसुना इतिहास

लेखक परिचय उपसंहार – स्वर्णप्रस्थ की गाथा – एक अखंड सनातन धारा

चित्र दीर्घा

अध्याय — 1

स्वर्णप्रस्थ का प्राकट्य

आदि-इतिहास और भौगोलिक धरातल

अस्वीकरण: इस अध्याय में दिए गए ऐतिहासिक तथ्य सरकारी गजेटियर, पुरातत्व विभाग के साक्ष्यों और प्राचीन साहित्यिक संदर्भों पर आधारित हैं। जहाँ तथ्य और मान्यता में अंतर है, वहाँ स्पष्ट रूप से उल्लेख किया गया है। लेखक का उद्देश्य किसी की भावनाओं को ठेस पहुँचाना नहीं – अपितु स्वर्णप्रस्थ के गौरवशाली इतिहास को प्रामाणिक रूप से प्रस्तुत करना है।

1.1 भूमि का परिचय

हरियाणा राज्य के उत्तर-पश्चिम में स्थित सोनीपत जिला आज एक आधुनिक औद्योगिक नगर के रूप में जाना जाता है। किंतु इस आधुनिकता की परतों के नीचे एक ऐसा इतिहास दबा हुआ है जो साढ़े तीन सहस्र वर्षों से भी अधिक पुराना है।

नई दिल्ली से उत्तर में 43 किलोमीटर की दूरी पर स्थित यह नगर राष्ट्रीय राजधानी क्षेत्र का अभिन्न अंग है। आज यह नगर साइकिल उद्योग, शिक्षा संस्थानों और औद्योगिक विकास के लिए जाना जाता है। किंतु इसकी असली पहचान – इसका

स्वर्णप्रस्थ की गाथा : 3526 वर्षों का अनसुना इतिहास

महाभारतकालीन गौरव – आज की पीढ़ी से ओझल होता जा रहा है।

यह पुस्तक उसी ओझल इतिहास को पुनः प्रकाश में लाने का प्रयास है।

1.2 नगर की प्राचीनता – भौगोलिक सत्य

सोनीपत की भौगोलिक स्थिति इसके इतिहास को समझने की पहली कुंजी है। यह नगर यमुना नदी के तट पर बसा था – किंतु भू-वैज्ञानिक परिवर्तनों के कारण यमुना अब यहाँ से लगभग 15 किलोमीटर पूर्व की ओर खिसक गई है।

इतिहासकारों के अनुसार लगभग 1500 ईसा पूर्व इस नगर की स्थापना आरंभिक आर्यों द्वारा की गई थी। यमुना नदी के पावन तट पर यह नगर फला-फूला और एक समृद्ध सभ्यता के रूप में उभरा।

सोनीपत का टीला – सभ्यताओं की परतें

सोनीपत नगर स्वयं एक विशाल ऊँचे टीले पर बसा हुआ है – जो पूर्व के ध्वस्त नगरों की परतों से सहस्र वर्षों में निर्मित हुआ है। यह टीला इस नगर की 3526 वर्षों की सभ्यता का जीवंत और मूक साक्षी है।

इस टीले की प्रत्येक परत एक युग का प्रतिनिधित्व करती है – वैदिक काल से लेकर यौधेय काल, हर्षवर्धन काल और मध्यकाल तक। जब भी यहाँ खुदाई हुई, धरती ने अपने भीतर छिपा इतिहास उगल दिया।

जिस भूमि पर आज हम चलते हैं, उसके नीचे सहस्र वर्षों का इतिहास सोया हुआ है।

1.3 नाम की यात्रा – स्वर्णप्रस्थ से सोनीपत तक

किसी भी नगर का नाम उसके इतिहास का पहला और सबसे प्रामाणिक दस्तावेज होता है। सोनीपत के नाम की यात्रा अत्यंत रोचक और ऐतिहासिक दृष्टि से महत्वपूर्ण है।

संस्कृत के दो शब्दों से मिलकर बना है यह नाम – स्वर्ण अर्थात् सोना और प्रस्थ अर्थात् स्थान। अर्थात् स्वर्णप्रस्थ – सोने का स्थान। यह नाम इस नगर की उस युग की समृद्धि और वैभव का प्रमाण है।

नाम-परिवर्तन की ऐतिहासिक यात्रा

स्वर्णप्रस्थ → स्वर्णपथ → सोनप्रस्थ → सोनपत → सोनीपत

(द्वापर युग) (वैदिक काल) (मध्यकाल) (आधुनिक काल)

एक अन्य मान्यता के अनुसार इस नगर का नाम राजा सैन के नाम पर सोनपत पड़ा और कालांतर में सोनीपत हो गया।

हरियाणा सरकार के आधिकारिक अभिलेखों में भी इस नाम-यात्रा का उल्लेख मिलता है।

महर्षि पाणिनी की अष्टाध्यायी – सबसे प्राचीन लिखित साक्ष्य

लिखित इतिहास में इस नगर का सबसे प्रामाणिक और प्राचीन उल्लेख महर्षि पाणिनी की अष्टाध्यायी में मिलता है। महर्षि पाणिनी (लगभग 700 ईसा पूर्व) संस्कृत के महान वैयाकरण थे। उनकी अष्टाध्यायी केवल व्याकरण ग्रंथ नहीं – यह तत्कालीन भारत का एक अमूल्य भौगोलिक और सांस्कृतिक दस्तावेज भी है।

अष्टाध्यायी में 'प्रस्थ' अंत वाले नगरों का उल्लेख है – जिनमें इंद्रप्रस्थ, पानीप्रस्थ और सोनप्रस्थ सम्मिलित हैं। यह इस नगर का अब तक ज्ञात सबसे प्राचीन लिखित साक्ष्य है – जो इसकी ऐतिहासिक प्रामाणिकता को अकाट्य रूप से सिद्ध करता है।

1.4 पुरातात्त्विक साक्ष्य – धरती का गवाह

यह खंड सोनीपत सरकारी गजेटियर (sonipat.gov.in) और पुरातत्व विभाग के अभिलेखों पर आधारित है।

इतिहास केवल ग्रंथों में नहीं – धरती के गर्भ में भी सुरक्षित रहता है। सोनीपत की भूमि इस तथ्य का जीवंत प्रमाण है।

सोनीपत जिले की प्राचीनता के विषय में कभी कोई संदेह नहीं रहा। इस क्षेत्र से प्री-हड़प्पा, लेट-हड़प्पा, पेंटेड ग्रे वेयर, अर्ली हिस्टोरिकल, नॉर्दर्न ब्लैक पॉलिश्ड वेयर और प्रारंभिक मध्यकालीन समय के मृदभांड प्राप्त हुए हैं – जो यह सिद्ध करते हैं कि इस क्षेत्र में विभिन्न कालों में मानव सभ्यताएँ निवास करती थीं।

पेंटेड ग्रे वेयर – महाभारत काल का वैज्ञानिक प्रमाण

पुरातत्व विज्ञान में 'पेंटेड ग्रे वेयर' (चित्रित धूसर मृदभांड) को महाभारत-कालीन वैदिक सभ्यता का प्रत्यक्ष प्रमाण माना जाता है। यह विशेष प्रकार के मिट्टी के बर्तन लगभग 1500 से 500 ईसा पूर्व के काल से संबंधित हैं।

हस्तिनापुर, कुरुक्षेत्र, इंद्रप्रस्थ (दिल्ली का पुराना किला) और तिलपत – इन सभी महाभारतकालीन स्थलों पर पेंटेड ग्रे वेयर पाया गया है। और इसी श्रृंखला में सोनीपत का नाम भी आता है।

सोनीपत के ऊँचे टीले पर हुई खुदाइयों में भी यह पेंटेड ग्रे वेयर प्राप्त हुआ है – जो इस नगर को महाभारत-कालीन सभ्यता से जोड़ने का वैज्ञानिक आधार प्रदान करता है।

1871 की ऐतिहासिक खुदाई

स्वर्णप्रस्थ की गाथा : 3526 वर्षों का अनसुना इतिहास

वर्ष 1871 में सोनीपत के टीले पर की गई खुदाई ने इस नगर के इतिहास को एक नया आयाम दिया। इस खुदाई में निम्नलिखित महत्वपूर्ण वस्तुएँ प्राप्त हुईं –

यौधेय काल के सिक्के

महाराजा हर्षवर्धन की तांबे से बनी मोहर

सूर्ययक्ष, यक्षिणी और आदिशिव की मूर्तियाँ

नंदी की प्रतिमा

इसके अतिरिक्त वर्ष 1866 में यहाँ से शोरा की मिट्टी से बनी एक दुर्लभ प्रतिमा भी प्राप्त हुई थी।

ये सब पुरातात्विक प्रमाण मिलकर इस एक तथ्य को सिद्ध करते हैं – सोनीपत केवल कथाओं का नगर नहीं, यह एक जीवंत और प्रामाणिक ऐतिहासिक नगर है।

धरती झूठ नहीं बोलती – और सोनीपत की धरती ने सहस्र वर्षों का सत्य अपने गर्भ में सँजोकर रखा है।

1.5 महाभारत में स्वर्णप्रस्थ

नोट: यह खंड महाभारत की पौराणिक मान्यताओं और साहित्यिक संदर्भों पर आधारित है। इसे सनातन परंपरा की मान्यता के रूप में पढ़ें।

स्वर्णप्रस्थ की गाथा : 3526 वर्षों का अनसुना इतिहास

हिन्दू महाकाव्य महाभारत में इस नगर का 'स्वर्णप्रस्थ' के रूप में स्पष्ट उल्लेख है। सोनीपत सरकार के आधिकारिक इतिहास-पृष्ठ पर भी इसका उल्लेख है।

पांडवों की पाँच माँगें – और स्वर्णप्रस्थ

महाभारत युद्ध से पूर्व जब भगवान श्रीकृष्ण शांतिदूत बनकर हस्तिनापुर पहुँचे, तब पांडवों की ओर से उन्होंने केवल पाँच नगरों की माँग रखी – युद्ध टालने के लिए। वे पाँच नगर थे –

1. इंद्रप्रस्थ (आज की दिल्ली)
2. पानीप्रस्थ (आज का पानीपत)
3. वृक्षप्रस्थ (आज का बागपत)
4. तिलप्रस्थ (आज का तिलपत)
5. स्वर्णप्रस्थ (आज का सोनीपत)

दुर्योधन ने कहा – सुई की नोक जितनी भूमि भी नहीं दूँगा। उसी एक हठ ने महाभारत के महायुद्ध को अनिवार्य कर दिया। और उस हठ की कीमत में यह स्वर्णनगर भी था – जो पांडवों को नहीं मिला।

पांडवों का कोष – स्वर्णप्रस्थ में

एक अन्य मान्यता के अनुसार पांडवों का राजकोष इसी स्वर्णप्रस्थ में सुरक्षित रखा जाता था। यही कारण था कि इस नगर का नाम स्वर्णप्रस्थ – सोने का स्थान – पड़ा।

स्वर्णप्रस्थ की गाथा : 3526 वर्षों का अनसुना इतिहास

हरियाणा सरकार के इतिहास-अभिलेख में भी उल्लेख है कि स्वर्णप्रस्थ वह नगर था जिसे युधिष्ठिर ने दुर्योधन से माँगा था।

1.6 अध्याय का सार

इस अध्याय में जो तथ्य प्रस्तुत किए गए हैं, उनका संक्षिप्त सार इस प्रकार है –

स्थापना काल : लगभग 1500 ईसा पूर्व (आर्य सभ्यता)

नगर की आयु : लगभग 3526 वर्ष (2026 ई. के अनुसार)

प्राचीन नाम : स्वर्णप्रस्थ → सोनप्रस्थ → सोनीपत

लिखित साक्ष्य : महर्षि पाणिनी की अष्टाध्यायी (700 ईसा पूर्व)

पुरातत्व प्रमाण : पेंटेड ग्रे वेयर, यौधेय सिक्के, हर्षवर्धन मोहर

महाभारत में : पांडवों के पाँच पत्तों में स्वर्णप्रस्थ

भौगोलिक स्थिति : नई दिल्ली से 43 किमी उत्तर, यमुना तट

संदर्भ सूची – अध्याय 1

1. Sonipat District Gazetteer — sonipat.gov.in/history

2. Wikipedia — सोनीपत (hi.wikipedia.org/wiki/सोनीपत)

3. Wikipedia — Sonipat (en.wikipedia.org/wiki/Sonipat)

4. Ashoka University — Sonipat Sites and Sights (ashoka.edu.in)

5. TV9 Hindi — Sonipat Mahabharata Connection (tv9hindi.com)

6. TimesNow Hindi — Panch Patt Pandava

7. Haryana21.com — District Sonipat History

8. TopKro.com — Sonipat Haryana History

स्वर्णप्रस्थ की मिट्टी में महाभारत की स्याही मिली हुई है – जिसने इस भूमि को पैरों से छुआ, उसने इतिहास को स्पर्श किया।

– नरेश दास वैष्णव निम्बार्क

जय श्रीकृष्ण | जय हिंद | भारत माता की जय

अध्याय — 2

स्वर्णप्रस्थ का वैदिक काल

आर्य सभ्यता से यौधेय गणराज्य तक

अस्वीकरण: इस अध्याय के तथ्य हरियाणा सरकार के आधिकारिक अभिलेखों, सोनीपत गजेटियर और पुरातत्व विभाग के साक्ष्यों पर आधारित हैं। जहाँ तथ्य और मान्यता में अंतर है, वहाँ स्पष्ट उल्लेख किया गया है।

2.1 वैदिक सभ्यता और हरियाणा की भूमि

वैदिक भूमि हरियाणा भारतीय सभ्यता का पालना रही है। भारतीय परम्पराओं में इस क्षेत्र को सृष्टि की आधात्री की मान्यता दी जाती है – जहाँ ब्रह्मा ने प्रथम यज्ञ करके सृष्टि का सृजन किया था। यह मान्यता हरियाणा सरकार के आधिकारिक अभिलेखों में भी अंकित है।

सिंधु घाटी सभ्यता के पश्चात् भारत में जिस नवीन सभ्यता का विकास हुआ, उसे आर्य अथवा वैदिक सभ्यता के नाम से जाना जाता है। वैदिक सभ्यता ही हिन्दू सभ्यता है – और इस सभ्यता की जड़ें सबसे गहरी इसी हरियाणा की भूमि में हैं।

वैदिक युग लगभग 1500 ईसा पूर्व से 600 ईसा पूर्व के बीच था। यही वह स्वर्णिम काल है जब स्वर्णप्रस्थ की नींव पड़ी और यमुना के तट पर एक महान सभ्यता का उदय हुआ।

2.2 आर्यों का स्वर्णप्रस्थ में आगमन

आर्यों के इतिहास की मुख्य जानकारी ऋग्वेद से मिलती है। ऋग्वेद में सरस्वती नदी को 'नदीतमा' – अर्थात् सबसे श्रेष्ठ नदी – कहा गया है। सरस्वती और यमुना के मध्य की यह भूमि – जिसे आज हरियाणा कहते हैं – आर्यों की सर्वप्रथम बसावट का केंद्र थी।

स्वर्णप्रस्थ इसी पावन भूमि पर यमुना के तट पर बसा था। जब आर्य सभ्यता यहाँ आई, तब उन्होंने यमुना के किनारे इस नगर को बसाया – और धीरे-धीरे यह नगर उस युग का एक प्रमुख केंद्र बन गया।

कुरु महाजनपद और स्वर्णप्रस्थ

उत्तर वैदिक काल में कुरु, पांचाल, कोशल, काशी तथा विदेह प्रमुख राज्य थे। कुरु की राजधानी हस्तिनापुर थी। स्वर्णप्रस्थ इसी कुरु महाजनपद का एक महत्वपूर्ण और समृद्ध नगर था।

यही वह काल था जब पांडव और कौरव इस भूमि के स्वामी थे और महाभारत की पृष्ठभूमि तैयार हो रही थी। स्वर्णप्रस्थ – सोने का नगर – उस युग में न केवल भौगोलिक दृष्टि से बल्कि सामरिक और आर्थिक दृष्टि से भी अत्यंत महत्वपूर्ण था।

2.3 वैदिक काल में स्वर्णप्रस्थ का जीवन

नोट: यह खंड वैदिक साहित्य के सामान्य विवरण और मान्यताओं पर आधारित है।

वैदिक काल में स्वर्णप्रस्थ एक समृद्ध और जीवंत नगर था। यहाँ का जन-जीवन सनातन धर्म की परंपराओं से अनुप्राणित था। ऋग्वेद में जिस सामाजिक व्यवस्था का वर्णन है – वही यहाँ भी थी।

सनातन जीवन की झलकियाँ

- ◆ यमुना के पावन घाटों पर प्रतिदिन संध्यावंदन
- ◆ वैदिक ऋषियों द्वारा यज्ञ और अनुष्ठान
- ◆ सभा और समिति में सामूहिक निर्णय
- ◆ कृषि और पशुपालन – जीवन का आधार
- ◆ महिलाओं की सभाओं में सहभागिता

ऋग्वेद में सभा, समिति, विदथ और गण जैसी जनसभाओं का उल्लेख है। इन सभाओं में सैन्य, धार्मिक और सामाजिक निर्णय लिए जाते थे। ऋग्वैदिक काल में महिलाएं भी इन सभाओं में भाग लेती थीं – यह सनातन धर्म की उस उन्नत सामाजिक व्यवस्था का प्रमाण है जो स्वर्णप्रस्थ में भी विद्यमान थी।

यही लोकतांत्रिक और सनातन परंपरा आगे चलकर यौधेय गणराज्य के रूप में फली-फूली – और सोनीपत की धरती पर इसके सिक्कों के रूप में आज भी विद्यमान है।

वैदिक काल की यह भूमि केवल राजनीतिक नहीं थी – यह सनातन धर्म की साधना-स्थली थी।

2.4 यौधेय गणराज्य – स्वर्णप्रस्थ का गौरव काल

वैदिक काल के पश्चात् इस क्षेत्र में यौधेय गणराज्य का उदय हुआ – जो इस भूमि के इतिहास का एक अत्यंत गौरवशाली अध्याय है।

प्राचीन सिक्कों, मोहरों, ठप्पों, मुद्राओं और शिलालेखों के आधार पर पता चलता है कि यौधेय शक्ति का उदय ईसा पूर्व की चौथी शताब्दी में हुआ – और उसने पूरे एक हजार वर्ष तक इस भू-भाग पर अपना आधिपत्य बनाये रखा। यह एक हजार वर्ष का शासन – किसी भी गणराज्य के लिए असाधारण उपलब्धि है।

यौधेयों के सिक्के – इतिहास के सबसे बड़े साक्षी

यौधेयों के सिक्के सतलुज और यमुना के पूरे भू-भाग के अनेक स्थानों से प्राप्त हुए हैं। सोनीपत जिले की खुदाइयों में भी यौधेयगण के सिक्के मिले हैं – जो इस बात का प्रमाण है कि स्वर्णप्रस्थ यौधेय गणराज्य का एक महत्वपूर्ण अंग था।

स्वर्णप्रस्थ की गाथा : 3526 वर्षों का अनसुना इतिहास

हरियाणा में सबसे पहले पंचमार्क सिक्के मिले हैं। इसके पश्चात् यौधेय गणराज्य के सिक्के प्राप्त हुए। यह क्रम इस क्षेत्र की निरंतर ऐतिहासिक उपस्थिति का प्रमाण है।

यौधेयों की वीरता – कुषाणों को पराजय

यौधेयों की वीरता का एक अद्‌भुत प्रमाण मिलता है – जब उन्होंने शक्तिशाली कुषाण शासकों को पराजित किया। कुषाण शासकों वासुदेव और हुविष्क के सिक्के प्रचलित थे – किंतु यौधेयों ने कुषाण शासक को पराजित करने के पश्चात् उन सिक्कों पर अपना ठप्पा लगाकर पुनः प्रसारित कर दिया।

यह यौधेयों के स्वाभिमान और शौर्य का जीवंत प्रमाण है। एक गणराज्य जो अपनी पराजित शत्रु की मुद्राओं पर भी अपनी विजय की मोहर लगाता है – वह किसी साधारण शक्ति से कम नहीं था।

महाभारत में यौधेय गणराज्य

यौधेय गणराज्य का उल्लेख स्वयं महाभारत के द्रोण पर्व में मिलता है – यह तथ्य इस गणराज्य की प्राचीनता और महत्ता को सिद्‌ध करता है।

महाभारत में जिस यौधेय गणराज्य का उल्लेख है, उसके सिक्के सोनीपत की धरती से मिले हैं। अर्थात् स्वर्णप्रस्थ – आज का सोनीपत – महाभारत काल से यौधेय काल तक निरंतर एक जीवंत, शक्तिशाली और ऐतिहासिक क्षेत्र रहा है।

स्वर्णप्रस्थ की गाथा : 3526 वर्षों का अनसुना इतिहास

यौधेय वे वीर थे जिन्होंने एक हजार वर्षों तक इस भूमि की रक्षा की – और उनके सिक्के आज भी स्वर्णप्रस्थ की मिट्टी में मिलते हैं।

2.5 अध्याय का सार – कालक्रम

काल	अवधि	स्वर्णप्रस्थ की स्थिति
ऋग्वैदिक काल	1500-1000 ईसापूर्व	आर्यों द्वारा स्थापना
उत्तर वैदिक काल	1000-600 ईसापूर्व	कुरु महाजनपद का भाग
महाभारत काल	मान्यतानुसार	पांडवों की पाँच माँगों में
यौधेय काल	400 ईसापूर्व-300 ईसवी	यौधेय गणराज्य का शासन

संदर्भ सूची – अध्याय 2

1. हरियाणा CMO – haryanacmoffice.gov.in

स्वर्णप्रस्थ की गाथा : 3526 वर्षों का अनसुना इतिहास

2. Radio Dhaakad — हरियाणा का इतिहास (radiodhaakad.com)

3. SukRaj Classes — यौधेय इतिहास हरियाणा (sukrajclasses.com)

4. Sonipat District Gazetteer — sonipat.gov.in/history

5. Home Haryana — सिक्के मोहरें और मूर्तियाँ (homeharyana.com)

6. KnowledgeSthali — वैदिक सभ्यता (knowledgesthali.com)

7. Haryana Ancient History GK — allgk.in

स्वर्णप्रस्थ केवल एक नगर नहीं था – यह वैदिक सभ्यता की जीवंत प्रयोगशाला था जहाँ सनातन धर्म के मूल्य पल्लवित हुए।

–नरेश दास वैष्णव निम्बार्क

जय श्रीकृष्ण | जय हिंद | भारत माता की जय

अध्याय — 3

हर्षवर्धन काल और स्वर्णप्रस्थ

606 ईसवी से 647 ईसवी तक

अस्वीकरण: इस अध्याय के तथ्य Wikipedia हर्षवर्धन पृष्ठ, सोनीपत गजेटियर और पुरातत्व विभाग के प्रमाणों पर आधारित हैं। सभी तथ्य प्रामाणिक स्रोतों से लिए गए हैं।

3.1 हर्षवर्धन कौन थे

हर्षवर्धन (4 जून 590 – 647 ईसवी) प्राचीन भारत के उन महान सम्राटों में से एक थे जिन्होंने गुप्त साम्राज्य के पतन के पश्चात् उत्तर भारत को पुनः एक सूत्र में बाँधा। उनका नाम भारतीय इतिहास में स्वर्णाक्षरों में अंकित है।

हर्षवर्धन ने उत्तरी भारत में 606 ईसवी से 647 ईसवी तक राज किया। वे वर्धन राजवंश के शासक प्रभाकरवर्धन के पुत्र थे। जब हर्ष का शासन अपने चरमोत्कर्ष पर था, तब उत्तरी और उत्तरी-पश्चिमी भारत का अधिकांश भाग उनके राज्य के अन्तर्गत आता था। उनका राज्य पूरब में कामरूप तक तथा दक्षिण में नर्मदा नदी तक फैला हुआ था।

स्वर्णप्रस्थ की गाथा : 3526 वर्षों का अनसुना इतिहास

हर्षवर्धन का जन्म थानेसर – वर्तमान हरियाणा – में हुआ था। अर्थात् हर्षवर्धन स्वयं हरियाणा की भूमि के सपूत थे। और स्वर्णप्रस्थ – आज का सोनीपत – उनके साम्राज्य का एक महत्वपूर्ण और अभिन्न अंग था।

केवल 16 वर्ष की आयु में सम्राट

16 वर्ष की छोटी उम्र में बड़े भाई राज्यवर्धन की हत्या के पश्चात् हर्षवर्धन को राजपाट सौंपा गया। खेलने-कूदने की आयु में उन्हें राजा शशांक के विरुद्ध युद्ध के मैदान में उतरना पड़ा – और उन्होंने इस चुनौती को स्वीकार किया।

करीब 6 वर्षों में उन्होंने वल्लभी (गुजरात), पंजाब, गंजाम (उड़ीसा), बंगाल, मिथिला (बिहार) और कन्नौज (उत्तर प्रदेश) जीतकर पूरे उत्तर भारत पर अपना शासन स्थापित किया।

3.2 स्वर्णप्रस्थ में हर्षवर्धन के प्रमाण

स्वर्णप्रस्थ – आज का सोनीपत – हर्षवर्धन के साम्राज्य के मध्य में स्थित था। नई दिल्ली से 43 किमी उत्तर और थानेसर से दक्षिण में – यह नगर हर्ष के राज्य की एक महत्वपूर्ण कड़ी था।

1871 की खुदाई – हर्षवर्धन की मोहर

वर्ष 1871 में सोनीपत के ऐतिहासिक टीले पर हुई खुदाई में एक अत्यंत महत्वपूर्ण वस्तु प्राप्त हुई – महाराजा हर्षवर्धन की तांबे

से बनी मोहर। यह मोहर इस नगर और हर्षवर्धन के सीधे संबंध का अकाट्य पुरातात्त्विक प्रमाण है।

सोनीपत जिले की खुदाइयों में हर्षकालीन ताम्र मुद्राएँ और हर्षवर्धन के शिलालेख भी प्राप्त हुए हैं – जो यह सिद्ध करते हैं कि स्वर्णप्रस्थ में हर्षवर्धन का शासन सक्रिय और प्रभावी था।

पुरातात्त्विक प्रमाणों का सारांश

- ◆ हर्षवर्धन की तांबे की मोहर – 1871 की खुदाई
- ◆ हर्षकालीन ताम्र मुद्राएँ – सोनीपत जिले से प्राप्त
- ◆ हर्षवर्धन के शिलालेख – सोनीपत क्षेत्र में मिले
- ◆ सूर्ययक्ष और नंदी की मूर्तियाँ – उसी काल की

जिस नगर की मिट्टी में हर्षवर्धन की मोहर मिली – वह नगर केवल इतिहास की पुस्तक में नहीं, स्वयं इतिहास है।

3.3 हर्षवर्धन का व्यक्तित्व और शासन

हर्षवर्धन केवल एक विजेता नहीं थे – वे एक आदर्श शासक, साहित्यकार और सनातन धर्म के पोषक भी थे।

उदार शासन-नीति

सम्राट हर्षवर्धन ने भले ही अलग-अलग राज्यों को जीत लिया, किंतु उन राज्यों के राजाओं को अपना शासन चलाने की अनुमति दी। शर्त एक ही थी – वे हर्ष को अपना सम्राट मानेंगे। यह उनकी उदार और दूरदर्शी शासन-नीति का प्रमाण है।

उन्होंने धर्मों के विषय में भी उदार नीति बरती। सभी धर्मों को समान आदर और महत्व दिया। सामाजिक कुरीतियों के विरुद्ध भी उन्होंने कड़े कदम उठाए – सती प्रथा पर पूर्ण प्रतिबंध लगाया।

साहित्य और कला के पोषक

हर्षवर्धन साहित्य और कला के महान पोषक थे। कादंबरीकार बाणभट्ट उनके अनन्य मित्र थे। हर्ष स्वयं एक पंडित और नाटककार थे। उनकी लिखी तीन नाटिकाएँ – नागानन्द, रत्नावली और प्रियदर्शिका – संस्कृत साहित्य की अमूल्य निधियाँ हैं।

हर्षवर्धन के शासनकाल में नालंदा विश्वविद्यालय शिक्षा के सर्वश्रेष्ठ केन्द्र के रूप में प्रसिद्ध हुआ। यह काल भारतीय ज्ञान-परंपरा का स्वर्णकाल था।

प्रत्येक पाँचवें वर्ष सर्वस्व दान

हर्षवर्धन की एक अनूठी परंपरा थी – प्रत्येक पाँचवें वर्ष वे सर्वस्व दान करते थे। इसके लिए बहुत बड़ा धार्मिक समारोह होता था। कन्नौज और प्रयाग के समारोहों में चीनी यात्री ह्वेनसांग भी उपस्थित था।

यह दानशीलता और उदारता ही हर्षवर्धन को भारतीय इतिहास के महानतम सम्राटों की श्रेणी में रखती है।

3.4 चीनी यात्री ह्वेनसांग और हरियाणा

हर्षवर्धन के दरबार में चीन के प्रसिद्ध यात्री ह्वेनसांग 8 वर्षों तक रहे। उन्होंने हर्षवर्धन की बड़ी प्रशंसा की है।

ह्वेनसांग ने हरियाणा क्षेत्र की भी यात्रा की। उनके विवरण में इस क्षेत्र की समृद्धि, यहाँ के मंदिरों और धार्मिक जीवन का वर्णन मिलता है। यह विवरण स्वर्णप्रस्थ सहित समस्त हरियाणा क्षेत्र की उस काल की स्थिति का एक महत्वपूर्ण अंतर्राष्ट्रीय साक्ष्य है।

एक चीनी यात्री ने 7वीं शताब्दी में इस भूमि की जो प्रशंसा की – वह इस बात का प्रमाण है कि स्वर्णप्रस्थ और उसके आसपास का क्षेत्र उस समय अत्यंत समृद्ध और सांस्कृतिक रूप से उन्नत था।

3.5 हर्षकाल में स्वर्णप्रस्थ की समृद्धि

हर्षवर्धन के शासनकाल में उनके साम्राज्य में आर्थिक और सांस्कृतिक उन्नति हुई। भारत की अर्थव्यवस्था ने उनके शासनकाल में बहुत प्रगति की – और इसका सीधा लाभ स्वर्णप्रस्थ को भी मिला।

सोनीपत में हर्षकालीन ताम्र मुद्राओं की प्राप्ति यह सिद्ध करती है कि इस नगर में व्यापार और आर्थिक गतिविधियाँ सक्रिय थीं। यह नगर हर्षवर्धन के साम्राज्य का एक समृद्ध और महत्वपूर्ण केंद्र था।

हर्षकाल में स्वर्णप्रस्थ की धार्मिक परंपराएँ भी पुष्पित हुईं। सनातन धर्म के मंदिर और यज्ञशालाएँ सक्रिय रहीं। इसी काल में यहाँ सूर्ययक्ष, आदिशिव और नंदी की मूर्तियाँ स्थापित थीं – जो खुदाई में मिली हैं।

3.6 हर्षवर्धन के पश्चात् स्वर्णप्रस्थ

647 ईसवी में हर्षवर्धन के निधन के पश्चात् उनका साम्राज्य धीरे-धीरे बिखर गया। हर्षवर्धन के दोनों पुत्रों – वाग्यवर्धन और कल्याणवर्धन – की उनके मंत्री अरुणाश्वा ने हत्या कर दी थी। इस कारण वारिस न होने से साम्राज्य छिन्न-भिन्न हो गया।

किंतु स्वर्णप्रस्थ की गाथा यहाँ समाप्त नहीं हुई। हर्षवर्धन के पश्चात् भी यह नगर अपनी सांस्कृतिक, धार्मिक और व्यापारिक गतिविधियों के बल पर जीवंत रहा।

इतिहास में साम्राज्य आते-जाते रहते हैं – किंतु स्वर्णप्रस्थ जैसी भूमि – जो सनातन धर्म की जड़ों से जुड़ी हो – वह कभी नष्ट नहीं होती। यही इस नगर की शक्ति है, यही इसकी विशेषता है।

साम्राज्य बिखरते हैं – किंतु जो भूमि सनातन धर्म से जुड़ी हो, वह सदा जीवंत रहती है।

–नरेश दास वैष्णव निम्बार्क

3.7 अध्याय का सार

विषय	तथ्य
हर्षवर्धन का काल	606 – 647 ईसवी
जन्मस्थान	थानेसर, हरियाणा
साम्राज्य विस्तार	कामरूप से नर्मदा तक
सोनीपत में प्रमाण	ताम्र मोहर एवं शिलालेख
खुदाई वर्ष	1871 ईसवी
चीनी साक्ष्य	ह्वेनसांग का विवरण
उल्लेखनीय कार्य	सती प्रथा पर प्रतिबंध
साहित्यिक योगदान	नागानन्द, रत्नावली, प्रियदर्शिका

संदर्भ सूची – अध्याय 3

स्वर्णप्रस्थ की गाथा : 3526 वर्षों का अनसुना इतिहास

1. Wikipedia — हर्षवर्धन (hi.wikipedia.org/wiki/हर्षवर्धन)

2. Sonipat District Gazetteer — sonipat.gov.in/history

3. Wikipedia — सोनीपत (hi.wikipedia.org/wiki/सोनीपत)

4. ASI Excavation Reports — 1871

5. Home Haryana — हर्षकालीन सिक्के (homeharyana.com)

जय श्रीकृष्ण | जय हिंद | भारत माता की जय

अध्याय — 4

मध्यकाल और स्वर्णप्रस्थ

11वीं शताब्दी से 17वीं शताब्दी तक

अस्वीकरण: इस अध्याय के तथ्य Wikipedia सोनीपत, Topkro.com, Audiala.com और सरकारी गजेटियर के प्रामाणिक अभिलेखों पर आधारित हैं। तथ्य और मान्यता को स्पष्ट रूप से अलग रखा गया है।

4.1 मध्यकाल का परिचय

हर्षवर्धन के पश्चात् उत्तर भारत में राजनीतिक अस्थिरता का एक लम्बा दौर आया। अनेक छोटे-बड़े राज्य उभरे और बिखरे। विदेशी आक्रांताओं की दृष्टि इस समृद्ध भूमि पर पड़ी। किंतु इन सभी उथल-पुथल के बीच स्वर्णप्रस्थ – आज का सोनीपत – ने अपना अस्तित्व बनाए रखा।

मध्यकाल को सामान्यतः 6वीं शताब्दी से 18वीं शताब्दी तक माना जाता है। इस लम्बे कालखंड में सोनीपत ने अनेक राजवंशों का उत्थान और पतन देखा – किंतु इसकी सनातन आत्मा कभी नहीं बदली।

मध्यकालीन अवधि के दौरान सोनीपत विभिन्न राजवंशों के अधीन एक महत्वपूर्ण प्रशासनिक और वाणिज्यिक केंद्र था। शहर का रणनीतिक स्थान ग्रैंड ट्रंक रोड पर होने के कारण यह व्यापार और आवागमन का प्रमुख केंद्र बना रहा।

4.2 11वीं शताब्दी – गजनी का आक्रमण

सोनीपत के मध्यकालीन इतिहास का पहला प्रमाणित लिखित उल्लेख 11वीं शताब्दी में मिलता है।

11वीं शताब्दी में सोनीपत का गवर्नर दीपलहर था। सन् 1037 में गजनी के सुल्तान मसूद ने दिल्ली विजय पर जाते हुए रास्ते में इस जागीरदार दीपलहर को पराजित किया।

यह तथ्य अत्यंत महत्वपूर्ण है – इससे यह सिद्ध होता है कि 11वीं शताब्दी में भी सोनीपत एक ऐसा नगर था जिसका अपना एक गवर्नर था, अपनी प्रशासनिक व्यवस्था थी। एक साधारण नगर पर विदेशी आक्रांता ध्यान नहीं देते – यह आक्रमण स्वयं इस नगर के महत्व का प्रमाण है।

जो नगर आक्रांताओं को आकर्षित करे – वह नगर साधारण नहीं हो सकता।

4.3 दिल्ली सल्तनत काल – 1206 से 1526 ईसवी

1192 में पृथ्वीराज चौहान की मोहम्मद गोरी से पराजय के पश्चात् दिल्ली सल्तनत का उदय हुआ। 1206 से दिल्ली में गुलाम वंश से लेकर लोदी वंश तक पाँच राजवंशों ने शासन किया।

दिल्ली सल्तनत में पाँच शासक राजवंश थे – मामलुक (गुलाम), खिलजी, तुगलक, सैयद और लोदी। इस पूरे काल में सोनीपत दिल्ली सल्तनत का एक महत्वपूर्ण अंग रहा।

दिल्ली से मात्र 43 किमी उत्तर में होने के कारण सोनीपत सल्तनत के लिए सामरिक दृष्टि से अत्यंत महत्वपूर्ण था। उत्तर से आने वाले आक्रमणकारियों को दिल्ली पहुँचने से पहले इसी मार्ग से गुजरना पड़ता था।

सल्तनत काल के ऐतिहासिक प्रमाण – सोनीपत में

- अब्दुल्ल नसीरुद्दीन की मस्जिद – 1272 ईसवी में निर्मित
- ख़्वाजा ख़िज़्र का मक़बरा – 1522 या 1525 ईसवी में निर्मित
- पुराने किले के अवशेष – नगर के मध्य में
- सैयद नसिरूदीन की ऐतिहासिक दरगाह – मामा भांजा

अब्दुल्लाह नासिर की मस्जिद – जिसे नूरी मस्जिद के नाम से भी जाना जाता है – भारत की सबसे पुरानी मुस्लिम दरगाहों में

से एक है। यह 1272 ईसवी में निर्मित हुई – अर्थात् यह सल्तनत काल की प्रामाणिक धरोहर है।

4.4 सोनीपत के ऐतिहासिक स्मारक

मध्यकाल की स्मृतियाँ सोनीपत के पत्थरों में आज भी जीवित हैं। इस नगर में अनेक ऐतिहासिक स्मारक हैं जो उस युग की गवाही देते हैं।

खिजर खाँ का मकबरा

नगर के उत्तर में शेरशाह सूरी के वंशज पठान खिजर खाँ का मकबरा स्थित है। इस पर कलात्मक कार्य अत्यंत दर्शनीय है। यह मकबरा मध्यकालीन स्थापत्य कला का एक सुंदर उदाहरण है।

सैयद नसिरूदीन की दरगाह – मामा भांजा

नगर के मध्य में एक विशाल दुर्ग के अवशेष हैं। इस दुर्ग के निकट ही सैयद नसिरूदीन की ऐतिहासिक दरगाह है जिसे मामा भांजा के नाम से जाना जाता है। इसका इस क्षेत्र में विशेष महत्व है।

इस दरगाह के बारे में एक अत्यंत रोचक तथ्य यह है कि इसे हिन्दू-मुस्लिम एकता का प्रतीक माना जाता है। कहा जाता है कि इस दरगाह की स्थापना एक गौड़ ब्राह्मण हिन्दू राजा द्वारा शिव मंदिर में की गई थी। यह इस नगर की उस सांस्कृतिक

विरासत का प्रमाण है जो सदैव समन्वय और सहिष्णुता पर आधारित रही।

4.5 पानीपत का प्रथम युद्ध 1526 – और स्वर्णप्रस्थ

21 अप्रैल 1526 को पानीपत के मैदान में एक ऐसा युद्ध हुआ जिसने भारत के इतिहास की धारा ही बदल दी।

पानीपत का पहला युद्ध 1526 ईसवी में दिल्ली सल्तनत के अंतिम शासक इब्राहिम लोदी और मुगल वंश के संस्थापक बाबर के बीच हुआ। इस युद्ध में बाबर की विजय हुई और इब्राहिम लोदी पराजित होकर युद्ध के मैदान में ही काम आए। इसके साथ ही भारत में दिल्ली सल्तनत का अंत और मुगल वंश की स्थापना हुई।

पानीपत सोनीपत से मात्र 45 किमी उत्तर में स्थित है। इस महायुद्ध के दौरान सोनीपत का क्षेत्र सैनिक आवागमन और रसद आपूर्ति का केंद्र रहा होगा – क्योंकि दिल्ली से पानीपत का मार्ग सोनीपत होकर ही जाता था।

इस युद्ध के परिणामस्वरूप स्वर्णप्रस्थ मुगल साम्राज्य का अंग बन गया – और इस नगर के इतिहास में एक नए अध्याय का आरंभ हुआ।

4.6 मुगल काल में स्वर्णप्रस्थ

मुगल साम्राज्य की स्थापना के पश्चात् सोनीपत एक महत्वपूर्ण प्रशासनिक और वाणिज्यिक केंद्र के रूप में विकसित हुआ।

मुगल काल में सोनीपत ग्रैंड ट्रंक रोड पर स्थित होने के कारण व्यापार का एक प्रमुख पड़ाव बन गया। दिल्ली से पंजाब और उत्तर-पश्चिम की ओर जाने वाले सभी काफिले इसी मार्ग से होकर गुजरते थे।

इसी काल में सोनीपत जिले से लगभग 12 किमी दक्षिण में स्थित एक गाँव में एक ऐसा दरवाज़ा बनाया गया जो आज अकबरी दरवाज़ा के नाम से प्रसिद्ध है। मान्यता है कि गुरु नानक देव जी भी इस क्षेत्र में पधारे थे।

मुगल काल में सोनीपत की विशेषताएँ

- ग्रैंड ट्रंक रोड पर प्रमुख व्यापारिक पड़ाव
- दिल्ली से उत्तर को जोड़ने वाला रणनीतिक मार्ग
- प्रशासनिक केंद्र के रूप में महत्व
- धार्मिक और सांस्कृतिक सहिष्णुता का केंद्र

4.7 लेखक का वर्णन

–नरेश दास वैष्णव निम्बार्क

मैंने इस मध्यकालीन इतिहास को केवल पुस्तकों में नहीं पढ़ा – इसे अपनी आँखों से देखा है। सोनीपत के उस ऊँचे टीले को, उस

पुराने किले के अवशेषों को, खिजर खाँ के मकबरे को और सैयद नसिरूदीन की दरगाह को – मैंने बचपन से अपनी आँखों से देखा और अनुभव किया है।

62 वर्षों के इस आत्मीय संबंध ने मुझे यह समझाया कि इतिहास केवल लिखा नहीं जाता – वह जीया जाता है। जब मैं उस पुराने किले के अवशेषों के पास खड़ा होता हूँ, तब मुझे लगता है कि ये पत्थर कुछ कहना चाहते हैं। मेरी यह पुस्तक उन्हीं मूक पत्थरों की आवाज़ है।

मध्यकाल में अनेक आक्रांता आए, अनेक राजवंश बदले – किंतु स्वर्णप्रस्थ की आत्मा अपरिवर्तित रही। यहाँ की धरती ने हर काल में अपनी सनातन परंपराओं को जीवित रखा। यह इस नगर की सबसे बड़ी शक्ति है।

एक सेवानिवृत्त सैनिक के रूप में मैंने देखा है कि किसी भी क्षेत्र की वास्तविक शक्ति उसके भौगोलिक स्थान में नहीं – उसकी सांस्कृतिक जड़ों में होती है। और सोनीपत की जड़ें 3526 वर्ष गहरी हैं।

स्वर्णप्रस्थ की मिट्टी इतनी उर्वर है कि इस पर हर युग में इतिहास उगता रहा – और हर युग में यह नगर जीवित रहा।

–नरेश दास वैष्णव निम्बार्क

4.8 अध्याय का सार – कालक्रम

वर्ष / काल	घटना
1037 ईसवी	गजनी के सुल्तान मसूद का आक्रमण
1192 ईसवी	दिल्ली सल्तनत की स्थापना
1206 ईसवी	गुलाम वंश – दिल्ली में प्रथम सल्तनत
1272 ईसवी	अब्दुल्ल नसीरुद्दीन मस्जिद निर्मित
1522-25 ईसवी	ख़्वाजा ख़िज़्र का मक़बरा निर्मित
21 अप्रैल 1526 ईसवी	पानीपत प्रथम युद्ध – मुगल काल आरंभ
मुगल काल	सोनीपत – व्यापार व प्रशासन केंद्र

संदर्भ सूची – अध्याय 4

1. Wikipedia — सोनीपत (hi.wikipedia.org/wiki/सोनीपत)

2. Topkro.com — Sonipat Haryana History

3. Audiala.com — सोनीपत का मध्यकाल

4. Byjus.com — पानीपत प्रथम युद्ध 1526

5. Sonipat District Gazetteer — sonipat.gov.in/history

6. hiwiki.iiit.ac.in — सोनीपत इतिहास

जय श्रीकृष्ण । जय हिंद । भारत माता की जय

अध्याय — 5

स्वर्णप्रस्थ और महाभारत

सोनीपत – क्यों है यह पुस्तक की मुख्य आत्मा

अस्वीकरण: इस अध्याय में ऐतिहासिक तथ्य सरकारी गजेटियर, ASI रिपोर्ट और Wikipedia से लिए गए हैं। महाभारत के संदर्भ पौराणिक मान्यताओं पर आधारित हैं। लेखक के आँखों देखे अनुभव उनके व्यक्तिगत साक्ष्य हैं।

5.1 हरियाणा का अर्थ – हरि का आना

हरियाणा – यह नाम दो शब्दों से बना है – हरि अर्थात् भगवान श्रीकृष्ण और आना अर्थात् आगमन। यह वह पवित्र भूमि है जहाँ स्वयं भगवान श्रीकृष्ण ने चरण रखे। जहाँ उन्होंने गीता का अमर उपदेश दिया। जहाँ उन्होंने शांतिदूत बनकर युद्ध टालने का प्रयास किया।

और इसी पवित्र हरियाणा की भूमि पर स्थित है स्वर्णप्रस्थ – आज का सोनीपत। यही कारण है कि सोनीपत केवल एक नगर नहीं – यह महाभारत की जीवंत स्मृति है।

सोनीपत का महाभारतकालीन नाम स्वर्णप्रस्थ है – संस्कृत के दो शब्दों से बना – स्वर्ण अर्थात् सोना और प्रस्थ अर्थात् स्थान।

यह सोने का नगर – यह नाम इस नगर के उस युग के वैभव और समृद्धि का प्रमाण है।

5.2 पाँच पत्त – पांडवों की पाँच पवित्र माँगें

महाभारत के उस अविस्मरणीय प्रसंग को कौन भूल सकता है – जब भगवान श्रीकृष्ण अंतिम बार शांति का प्रयास करने हस्तिनापुर पहुँचे। पांडवों ने केवल पाँच नगरों की माँग रखी – सम्पूर्ण राज्य नहीं, केवल पाँच नगर।

पांडवों ने जो पाँच नगर माँगे थे उनके नाम हैं – पानीपत (प्राचीन पणप्रस्थ), सोनीपत (सोणप्रस्थ अर्थात् स्वर्णप्रस्थ), बागपत (व्याघ्रप्रस्थ), इंद्रप्रस्थ (आज की दिल्ली का पुराना किला) और तिलपत (तिलप्रस्थ)।

पांडवों का खजाना भी इसी स्वर्णप्रस्थ में था – इसीलिए इसका नाम स्वर्णप्रस्थ पड़ा। सोने का नगर – यह नाम तब से चला आ रहा है।

दुर्योधन का वह एक हठ

दुर्योधन ने कहा – सुई की नोक जितनी भूमि भी नहीं दूँगा। उस एक हठ ने महाभारत के महायुद्ध को अनिवार्य कर दिया। और उस हठ की कीमत में स्वर्णप्रस्थ – सोनीपत – भी था, जो पांडवों को नहीं मिला।

स्वर्णप्रस्थ की गाथा : 3526 वर्षों का अनसुना इतिहास

जब स्वयं भगवान श्रीकृष्ण ने इस नगर का नाम अपने दिव्य मुख से लिया – उस क्षण ने इस नगर को अमर कर दिया। आज 3526 वर्ष बाद भी इस नगर की पहचान उसी महाभारतकालीन गौरव से है।

जिस नगर का नाम श्रीकृष्ण के मुख से निकला – उस नगर को कोई इतिहास कैसे भुला सकता है?

5.3 युधिष्ठिर द्वार – आज भी जीवित है वह गौरव

सोनीपत के नगर निगम ने महाभारतकालीन यादों को जीवंत रखने के लिए मुरथल जीटी रोड के नजदीक युधिष्ठिर द्वार निर्मित किया जिस पर करीब 93.53 लाख रुपये खर्च किए गए।

यह युधिष्ठिर द्वार इस बात का जीवंत प्रमाण है कि सोनीपत के लोगों के हृदय में महाभारत की स्मृति आज भी उतनी ही गहरी है जितनी 3526 वर्ष पूर्व थी। जिस नगर के प्रवेश द्वार पर धर्मराज युधिष्ठिर का नाम अंकित हो – वह नगर साधारण नहीं।

5.4 हस्तिनापुर – वह राजधानी जो आज टीला बन गई

हस्तिनापुर – कौरव-पांडवों की वह वैभवशाली राजधानी जहाँ धृतराष्ट्र का दरबार था, जहाँ द्रौपदी का चीरहरण हुआ, जहाँ से महाभारत का महायुद्ध निर्धारित हुआ।

हस्तिनापुर मेरठ शहर से 22 मील उत्तर-पूर्व गंगा किनारे स्थित है। कहते हैं कि यहाँ की धरा में पांडवों का किला, महल, मंदिर और अन्य अवशेष आज भी दफन हैं।

भारतीय पुरातत्व सर्वेक्षण (ASI) के 1954-55 के बुलेटिन के अनुसार, पांडव टीला की खुदाई में भूरे रंग की पॉटरी मिली। करीब 20 फुट नीचे तक की खुदाई में एक बड़े ढाँचे के अवशेष भी मिले जिसे महल का स्वरूप माना गया।

वर्तमान हस्तिनापुर में प्राचीन नगर के खंडहर ऊँचे-नीचे टीलों की श्रृंखलाओं के रूप में दूर-दूर तक फैले हैं। मुख्य टीला 'बिदुर का टीला' या 'उलटखेड़ा' कहलाता है।

लेखक का आँखों देखा साक्ष्य

मैंने स्वयं हस्तिनापुर की यात्रा की है। जो कभी कौरव-पांडवों की वैभवशाली राजधानी थी, आज वहाँ केवल ऊँचे टीले और कुछ अवशेष शेष हैं। उस सुनसान स्थान पर खड़े होकर जब आँखें बंद करें तो लगता है जैसे इतिहास सामने साकार हो उठता है – वे सैनिक, वे रथ, वह राजदरबार – सब कुछ उन टीलों की मिट्टी में दबा हुआ है। – नरेश दास वैष्णव निम्बार्क

5.5 बरनावा का लाक्षागृह – षड्यंत्र की वह भूमि

बरनावा – हिंडन और कृष्णा नदी के संगम पर बागपत जिले में स्थित यह स्थान महाभारत के सबसे काले षड्यंत्र का साक्षी है।

स्वर्णप्रस्थ की गाथा : 3526 वर्षों का अनसुना इतिहास

बरनावा में महाभारतकालीन लाक्षागृह चिन्हित है। लाक्षागृह नामक इमारत के अवशेष यहाँ आज एक टीले के रूप में दिखाई देते हैं। महाभारत में दुर्योधन और शकुनि ने पांडवों को इस लाख से बने महल में ठहराया था और रात को आग लगाकर मारने की योजना बनाई थी।

किंतु पांडवों के शुभचिंतक विदुर ने उन्हें पहले ही सचेत कर दिया। पांडव यहाँ से गुप्त सुरंग द्वारा निकले जो हिंडन नदी के किनारे पर खुलती थी। यह सुरंग आज भी अंशतः विद्यमान है।

लेखक का आँखों देखा साक्ष्य

मैंने बरनावा का लाक्षागृह अपनी आँखों से देखा है। वह टीला, वे जली हुई दीवारें, ASI का बोर्ड – सब कुछ देखकर मन में एक सिहरन होती है। यह स्थान यह सिद्ध करता है कि महाभारत केवल कथा नहीं – यह इस भूमि का जीवंत सत्य है। – नरेश दास वैष्णव निम्बार्क

जली हुई दीवारें झूठ नहीं बोलतीं – बरनावा का लाक्षागृह महाभारत के सत्य का अकाट्य प्रमाण है।

5.6 इंद्रप्रस्थ – पांडवों का किला आज भी खड़ा है

इंद्रप्रस्थ – पांडवों की वह राजधानी जो खांडव वन को साफ करके बनाई गई थी। यह शहर यमुना नदी के किनारे स्थित है जो भारत की वर्तमान राजधानी दिल्ली है।

स्वर्णप्रस्थ की गाथा : 3526 वर्षों का अनसुना इतिहास

दिल्ली के पुराना किला में 1954 से लेकर अब तक करीब 4 बार खुदाई हो चुकी है। हर बार यह सिद्ध करने का प्रयास हुआ कि यह पांडवों का वही प्राचीन किला है जो इंद्रप्रस्थ था।

पुराना किला वह स्थान है जिसे निर्विवाद रूप से पांडवों की राजधानी इंद्रप्रस्थ माना जाता है। यहाँ पेंटेड ग्रे वेयर यानी चित्रित धूसर मृदभांड के अवशेष मिले हैं जो महाभारतकाल की ओर इशारा करते हैं।

ASI का कहना है कि इस जगह के आसपास 1913 तक इंद्रप्रत नाम का गाँव था – जो इंद्रप्रस्थ का ही अपभ्रंश नाम है।

लेखक का आँखों देखा साक्ष्य

मैंने दिल्ली का पुराना किला देखा है। उस किले की विशाल दीवारों को देखकर पांडवों की शक्ति और वैभव का अनुमान होता है। आज जहाँ दिल्ली है, वहाँ कभी इंद्रप्रस्थ था – और इंद्रप्रस्थ उन पाँच पत्तों में से एक था जो पांडवों ने स्वर्णप्रस्थ सोनीपत के साथ माँगे थे। – नरेश दास वैष्णव निम्बार्क

5.7 करनाल – दानवीर कर्ण की नगरी

सोनीपत से मात्र 55 किमी उत्तर में स्थित है करनाल – दानवीर कर्ण की नगरी।

कर्ण झील हरियाणा के करनाल जिले का एक प्रमुख ऐतिहासिक स्थल है। लोककथा यह है कि महाभारत के दानवीर कर्ण इस झील को स्नान के लिए इस्तेमाल करते थे। यह वह स्थान था जहाँ उन्होंने अपना सुरक्षा कवच और कुंडल इंद्र को दान में दे दिए थे। यह अनुमान है कि करनाल शहर को कर्णताल से अपना नाम प्राप्त हुआ जो कर्ण झील का अनुवाद है।

कर्ण – जो पांडवों का ज्येष्ठ भाई था किंतु जिसे यह सत्य जीवनभर नहीं पता चला – उस महान दानवीर की स्मृति आज भी करनाल की धरती में जीवित है।

5.8 महाभारत सत्य है – प्रमाण यही है

जो भूमि हमने अपनी आँखों से देखी है – हस्तिनापुर के टीले, बरनावा की सुरंग, इंद्रप्रस्थ का किला, करनाल की झील और स्वर्णप्रस्थ के पुरातत्व प्रमाण – यह सब मिलकर एक ही सत्य सिद्ध करते हैं।

महाभारत कोई कल्पना नहीं – यह इस भूमि का जीवंत इतिहास है। और इस महान इतिहास की श्रृंखला में सोनीपत – स्वर्णप्रस्थ – एक अत्यंत महत्वपूर्ण और गौरवशाली कड़ी है।

पाँचों स्थल – एक दृष्टि में

◆ स्वर्णप्रस्थ (सोनीपत) – पाँच पत्तों में एक, पांडवों का खजाना

◆ हस्तिनापुर – कौरव-पांडवों की राजधानी, आज टीले और अवशेष

◆ बरनावा – लाक्षागृह, गुप्त सुरंग आज भी विद्यमान

◆ इंद्रप्रस्थ (दिल्ली) – पांडवों का किला, ASI ने खुदाई से प्रमाणित

◆ करनाल – दानवीर कर्ण की कर्णताल झील

5.9 लेखक की 18 वर्षों की साधना

–नरेश दास वैष्णव निम्बार्क

यह अध्याय लिखते समय मेरे नेत्रों के सामने वे 18 वर्ष आ जाते हैं जो मैंने इस शोध में लगाए। एक गरीब परिवार में जन्मा, भारतीय सेना का सेवानिवृत्त नायब सूबेदार – जिसने न उच्च शिक्षा पाई, न बड़े विश्वविद्यालय में पढ़ा – किंतु प्रभु की कृपा से इतिहास की इस अनसुनी गाथा को खोजने का सौभाग्य मिला।

बचपन से इस भूमि से 62 वर्षों का आत्मीय लगाव है। हस्तिनापुर, बरनावा, इंद्रप्रस्थ, करनाल – यह सब स्थान मैंने अपनी आँखों से देखे हैं, अपने पैरों से नापे हैं। जो इतिहासकार केवल पुस्तकों में पढ़ते हैं – वह इतिहास मैंने जिया है।

स्वर्णप्रस्थ की गाथा : 3526 वर्षों का अनसुना इतिहास

15 मार्च 2015 को जब एक बड़े सड़क दुर्घटना में मृत्यु के द्वार तक पहुँचा – तब भी प्रभु ने वापस भेजा। शायद इसीलिए – ताकि यह गाथा लिखी जा सके, ताकि स्वर्णप्रस्थ का यह अनसुना इतिहास जन-जन तक पहुँच सके।

न धन की चाहत है, न प्रसिद्धि की। यह पुस्तक पूर्णतः निःशुल्क रहेगी – यह भगवान को साक्षी मानकर किया गया संकल्प है। क्योंकि जो ज्ञान प्रभु की कृपा से मिला, वह समाज को ही लौटाना है।

एक सैनिक ने तलवार से देश की रक्षा की – अब वही सैनिक कलम से इतिहास की रक्षा कर रहा है।

18 वर्षों की साधना, 62 वर्षों का लगाव और प्रभु की अपार कृपा – इन तीनों के संगम से यह गाथा जन्मी है।

–नरेश दास वैष्णव निम्बार्क

5.10 अध्याय का सार

स्थान	महाभारत से संबंध
स्वर्णप्रस्थ (सोनीपत)	पाँच पत्तों में एक – पांडवों का खजाना

स्वर्णप्रस्थ की गाथा : 3526 वर्षों का अनसुना इतिहास

हस्तिनापुर कौरव-पांडवों की राजधानी – टीले शेष

बरनावा लाक्षागृह – सुरंग आज भी विद्यमान

इंद्रप्रस्थ (दिल्ली) पांडवों का किला – ASI से प्रमाणित

करनाल (कर्णताल) दानवीर कर्ण की कर्ण झील

कुरुक्षेत्र महाभारत का महायुद्ध – गीता उपदेश

संदर्भ सूची – अध्याय 5

1. Wikipedia — सोनीपत (hi.wikipedia.org)

2. sonipat.gov.in/history — सोनीपत गजेटियर

3. Wikipedia — इंद्रप्रस्थ

4. Wikipedia — बरनावा

5. AajTak — पुराना किला खुदाई 2023

6. haryana.gov.in — कर्ण झील करनाल

7. AmarUjala — युधिष्ठिर द्वार 2026

8. BharatDiscovery — हस्तिनापुर इतिहास

9. Patrika — लाक्षागृह बरनावा

अध्याय — 6

सोनीपत की सनातन विरासत

सतकुंभा धाम, चुलकाना धाम और बर्बरीक की पवित्र भूमि

अस्वीकरण: इस अध्याय के तथ्य Sonipat24.com, DNA India, ETV Bharat और BabaKhatushyam.com से प्रमाणित हैं। स्थानीय श्रुति परंपरा को स्पष्ट रूप से अंकित किया गया है। लेखक के आँखों देखे अनुभव उनके व्यक्तिगत साक्ष्य हैं।

6.1 सतकुंभा धाम – सतयुग की जीवंत विरासत

सोनीपत नगर से मात्र 12 किलोमीटर की दूरी पर – और इस पुस्तक के लेखक के गाँव से भी 12 किलोमीटर की दूरी पर – स्थित है एक ऐसा पवित्र धाम जो सतयुग की स्मृतियों को आज भी जीवंत रखे हुए है।

यह है सतकुंभा धाम – सोनीपत जिले के खेड़ी गुर्जर (मियाना) गाँव के पास स्थित एक प्राचीन और चमत्कारी तीर्थ स्थल।

यहाँ का सतकुंभा कुंड करीब 5000 साल पुराना है। इस कुंड का जल 5000 वर्षों से कभी नहीं सूखा – न ग्रीष्म में, न सूखे में। यह इस धाम का सबसे बड़ा चमत्कार है।

इस स्थल का गहरा नाता राजा चकवा बेन और चुनकट ऋषि से जुड़ा है। उस दौरान इस गाँव के पास से यमुना नदी बहती थी – और इसी यमुना के तट पर यह अद्‌भुत गाथा आकार लेती है।

6.2 राजा चकवा बेन – धर्म के पुजारी राजा

राजा चकवा बेन मान्धाता – इतिहास के उन विरले राजाओं में से एक जिन्होंने राजकोष का एक भी पैसा अपने परिवार पर नहीं लगाया।

राजकोष से कोई भी खर्च न लेकर वे अपने परिवार का खर्च स्वयं खेत में हल चलाकर और रस्सी बनाकर चलाते थे। उनकी रानी बिंदुमति भी अपने परिवार के लिए पीने का पानी स्वयं भरकर लाती थीं।

राजा का इतना प्रताप था कि उनके नाम का चक्र आकाश में चलता था। पृथ्वी के सभी राजा चकवा बेन को वार्षिक कर के रूप में सोना भेंट करते थे – जिनमें लंका के राजा रावण भी सम्मिलित थे।

प्रतापशीलता की अद्‌भुत घटना

स्थानीय मान्यता है कि एक बार जंगल में शेर एक हिरण को पकड़ने के लिए दौड़ा। उस हिरण ने पुकारा – 'दुहाई हो राजा चकवा बेन की!' और उसी क्षण शेर का पाँव रुक गया। जंगल में

भी उनके नाम की दुहाई चलती थी – ऐसे प्रतापी थे राजा चकवा बेन। – स्थानीय श्रुति परंपरा

6.3 चुनकट ऋषि – 12 वर्षों की अखंड तपस्या

चुनकट ऋषि का जन्म 26वें सतयुग में माता ईश्वरी और पिता ज्ञानेश्वर के घर में पिलखुआ नामक स्थान पर हुआ था। बचपन में उनका नाम श्रीकांत था। उन्होंने गुरु महर्षि अंगिरा से आलौकिक ज्ञान प्राप्त किया।

यमुना के पावन तट पर चुनकट ऋषि 12 वर्षों से कठोर तपस्या में मग्न थे। राजा चकवा बेन के संतरियों ने आकर कहा – 'ऋषिवर! भंडारा लगा है, प्रसाद ग्रहण करें।' ऋषि ने विनम्रता से कहा – '12 वर्षों से तपस्या में हूँ, अन्न-जल ग्रहण नहीं किया।'

राजा ने हठ किया – भोजन करो अन्यथा राज्य छोड़ो। ऋषि शांतचित्त से उठे और जंगल की ओर चल दिए। किंतु जब उन्होंने देखा कि यह संसार राजा का ही है – तो वे वापस सतकुंभा आ गए और पुनः तपस्या में बैठ गए।

राजा के सेनापति ने फिर आकर कहा – 'लड़ाई करो या राज्य छोड़ो।' ऋषि ने शांतचित्त से उत्तर दिया – 'ठीक है, युद्ध के लिए तैयार हूँ।'

6.4 तीन कुश – तीन युगों की शक्ति

चुनकट ऋषि और राजा चकवा बेन के युद्ध की यह कथा सोनीपत के इतिहास का सबसे अद्भुत अध्याय है।

चुनकट ऋषि की वजह से ही चकवा बेन की सम्पूर्ण सेना एवं राजधानी का सर्वनाश हो गया था। युद्ध के बाद राजा चकवा बेन ने चुनकट ऋषि से क्षमा माँगी और वह हिमालय पर्वत पर तपस्या के लिए चले गए।

तीन कुश की श्रुति

स्थानीय श्रुति परंपरा के अनुसार – चुनकट ऋषि के पास तीन कुश की दिव्य शक्ति थी। पहली कुश राजा चकवा बेन की सम्पूर्ण सेना और राजधानी के सर्वनाश के लिए चलाई गई। दूसरी कुश भारत में चली। तीसरी कुश अभी भी शेष है – और यह मान्यता आज भी इस क्षेत्र के बुजुर्गों की वाणी में जीवित है।

(स्रोत: स्थानीय श्रुति परंपरा – लेखक नरेश दास वैष्णव निम्बार्क)

आज भी उस स्थान पर खुदाई में अवशेष मिलते हैं। उसी के ऊपर प्राचीन मंदिर है और नीचे वह तालाब है जहाँ सात ऋषि तपस्या करते थे।

6.5 सतकुंभा कुंड – 68वाँ तीर्थ

राजा चकवा बेन के पतन के बाद यह स्थान पूरी तरह निर्जीव हो गया था। तब सप्त ऋषियों ने यहाँ आकर घोर तपस्या की और इस स्थान को पुनः जीवंत किया।

ऋषियों ने यहाँ सात कुएँ खोदकर एक कुंड की स्थापना की। इस कुंड में भारत के 67 तीर्थस्थलों का जल लाकर एकत्रित किया गया था। सात कुएँ होने के कारण इसे 68वाँ तीर्थ भी कहा जाता है।

ऐसी मान्यता है कि लगातार 11 अमावस्या, पूर्णिमा या रविवार को यहाँ स्नान करने से सभी मनोकामनाएँ पूरी होती हैं।

वार्षिक मेले

- कार्तिक पूर्णिमा के दिन – भव्य मेला
- सावन के महीने के आखिरी रविवार – विशाल मेला

यह कुंड मेरे गाँव से मात्र 12 किलोमीटर दूर है। जब भी मन करता है – गाड़ी उठाई और उस पवित्र भूमि के दर्शन को चल दिया। उस कुंड के किनारे बैठकर जो शांति मिलती है वह कहीं और नहीं मिलती। 5000 वर्षों से जो जल नहीं सूखा – वह सोनीपत की सनातन शक्ति का प्रमाण है। – नरेश दास वैष्णव निम्बार्क

जो कुंड 5000 वर्षों से नहीं सूखा – उसमें केवल जल नहीं, सनातन आस्था बहती है।

6.6 चुलकाना धाम – जहाँ बर्बरीक ने दिया शीश का दान

सतकुंभा धाम से मात्र 5 किलोमीटर की दूरी पर है – चुलकाना धाम। यह वह पवित्र स्थान है जहाँ महाभारत की एक अविस्मरणीय घटना घटी थी।

हरियाणा के पानीपत जिले में समालखा कस्बे से लगभग 5 किलोमीटर की दूरी पर स्थित चुलकाना गाँव अब चुलकाना धाम से प्रसिद्ध है। चुलकाना धाम को कलिकाल का सर्वोत्तम तीर्थ स्थान माना गया है।

6.7 बर्बरीक – भीम के पौत्र की अमर गाथा

चुलकाना धाम का सम्बन्ध महाभारत से जुड़ा है। पांडव पुत्र भीम के पुत्र घटोत्कच का विवाह दैत्य की पुत्री कामकन्टकटा के साथ हुआ था। इनका पुत्र बर्बरीक था।

बर्बरीक महादेव भक्त थे। उनकी आराधना से उन्हें तीन बाण प्राप्त हुए जिनसे वे सृष्टि का संहार तक कर सकते थे। बर्बरीक की माता को संदेह था कि पांडव महाभारत युद्ध नहीं जीत पाएँगे – तब उन्होंने बर्बरीक को युद्ध के लिए भेजा। वचन दिया – हारने वाले का ही साथ देना। इसीलिए उन्हें 'हारे का सहारा' भी कहा जाता है।

वह अविस्मरणीय क्षण – शीश का दान

जब बर्बरीक चुलकाना गाँव पहुँचे तो श्रीकृष्ण ने ब्राह्मण का वेश धारण कर लिया और बर्बरीक के पास पहुँचे। बर्बरीक उस समय पूजा में लीन थे। पूजा खत्म होने के बाद बर्बरीक ने कहा – 'मैं आपकी क्या सेवा कर सकता हूँ?' श्रीकृष्ण ने कहा – 'मैं जो माँगूँगा क्या आप देंगे?'

बर्बरीक ने कहा – 'देने के लिए तैयार हूँ।' इसके बाद बर्बरीक ने देवी-देवताओं का वंदन किया और एक ही वार में शीश को धड़ से अलग कर श्रीकृष्ण को शीश दान कर दिया।

श्रीकृष्ण ने बर्बरीक के शीश को अमृत से सींचा और उस शीश को अमर करते हुए एक टीले पर रखवाया। कहा – 'तुम्हें मेरे नाम से जाना जाएगा। कलयुग में तुम ही लोगों का उद्धार करोगे।' तब से बर्बरीक ही खाटू श्याम बाबा के नाम से पूजे जाते हैं।

वह प्राचीन पीपल का पेड़

चुलकाना धाम में एक प्राचीन पीपल का पेड़ है – जिस पर बर्बरीक ने तपस्या की थी। श्रीकृष्ण ने उन्हें कहा था – 'अपना एक तीर चलाकर देखो।' उन्होंने चलाया। आज भी उस पीपल के पत्तों में सुराख हैं। इस अद्भुत दृश्य को मैंने कितनी बार देखा है – गिनती नहीं। यह सतयुग और द्वापर की कहानी है – और हमारा सोनीपत इस पूरी कहानी का जीवंत साक्षी है। – नरेश दास वैष्णव निम्बार्क

6.8 लकी सर बाबा – चुनकट ऋषि का स्वरूप

चुलकाना धाम में लकी सर बाबा के नाम से विख्यात हैं – जो चुनकट ऋषि के स्वरूप माने जाते हैं। कहा जाता है कि उन्होंने एक लकीर खींच दी थी कि इससे सेना अंदर न आए – और उस लकीर को कोई पार नहीं कर सका।

रविवार को यहाँ भंडारा लगता है। इतने श्रद्धालु भंडारा लिखवाते हैं कि 5 वर्ष में भी नंबर नहीं आता। यह इस धाम की आस्था और लोकप्रियता का प्रमाण है।

इस भूमि में जन्म लेकर मैं धन्य हो गया – सतयुग का धाम आज भी सतकुंभा में जीवित है, सोनीपत में है।

–नरेश दास वैष्णव निम्बार्क

6.9 अध्याय का सार

धाम / स्थान	विशेषता
सतकुंभा धाम	5000 वर्ष पुराना – 68वाँ तीर्थ –
कुंड कभी नहीं सूखा	
राजा चकवा बेन	प्रतापी राजा – राजकोष का धन
नहीं लेते थे	

स्वर्णप्रस्थ की गाथा : 3526 वर्षों का अनसुना इतिहास

चुनकट ऋषि 12 वर्ष की तपस्या – तीन कुश की दिव्य शक्ति

तीन कुश (श्रुति) पहली – चकवा बेन, दूसरी – भारत, तीसरी – शेष

चुलकाना धाम बर्बरीक का शीश दान – कलयुग का सर्वोत्तम तीर्थ

लकी सर बाबा रविवार भंडारा – 5 वर्ष प्रतीक्षा सूची

पीपल का पेड़ तीर के सुराख आज भी पत्तों में विद्यमान

संदर्भ सूची – अध्याय 6

1. Sonipat24.com – सतकुंभा धाम इतिहास

2. DNA India – सतकुंभा कुंड 5000 वर्ष

3. News18 Hindi – चकवा बैन चुनकट ऋषि

4. ETV Bharat – चुलकाना धाम बर्बरीक

5. BabaKhatushyam.com – चुलकाना धाम

6. HindiMeTour.com – चुलकाना धाम इतिहास

स्वर्णप्रस्थ की गाथा : 3526 वर्षों का अनसुना इतिहास

7. स्थानीय श्रुति परंपरा – लेखक नरेश दास वैष्णव निम्बार्क

जय श्रीकृष्ण | जय हिंद | भारत माता की जय

अध्याय — 7

अस्थल तिरखू तीर्थ — वैष्णव बैरागी परंपरा का पवित्र धाम

महाभारतकालीन तीर्थ – ब्रिटिश सरकार के दस्तावेज से प्रमाणित

अस्वीकरण: इस अध्याय के तथ्य 'A Glossary of the Tribes and Castes of the Punjab and North-West Frontier Province' — H.A. Rose (Census 1883 व 1892) – Notary Public Karnal द्वारा 28 जुलाई 2025 को प्रमाणित – पर आधारित हैं। महंत जी का परिचय लेखक के व्यक्तिगत ज्ञान पर आधारित है।

7.1 अस्थल तिरखू तीर्थ – नाम में ही इतिहास है

सोनीपत से गन्नौर होते हुए लगभग 35 किलोमीटर की दूरी पर स्थित है एक ऐसा पवित्र तीर्थ जिसका उल्लेख महाभारत काल से चला आ रहा है – तिरखू तीर्थ।

यह वह भूमि है जहाँ महाभारत के वन पर्व की एक अत्यंत महत्वपूर्ण घटना घटी थी। यह वह तालाब है जिसके किनारे यक्ष ने पांडवों की परीक्षा ली थी और धर्मराज युधिष्ठिर ने अपने ज्ञान और धर्मनिष्ठा से उस परीक्षा में उत्तीर्ण होकर अपने चारों भाइयों को पुनर्जीवित करवाया था।

ब्रिटिश सरकार के आधिकारिक दस्तावेज से प्रमाण

"The Trikhu Tirath at Panipat is visited on the somti-amawas, a bathing fair to which great religious importance attaches. Trikhu means 'three-sided' but its other meaning is 'to wash away the sins of all those who bathe in the tank.' The Tirath dates from the time of the Mahabharata."

– A Glossary of Tribes and Castes, Punjab — H.A. Rose (Census 1883, 1892)

Notary Public Karnal — Attested 28 July 2025

अर्थात् – तिरखू का अर्थ है त्रिभुजाकार – और इसका दूसरा अर्थ है कि इस तालाब में स्नान करने वाले सभी के पाप धुल जाते हैं। और सबसे महत्वपूर्ण – यह तीर्थ महाभारत काल से चला आ रहा है।

यह प्रमाण ब्रिटिश सरकार के 1883 और 1892 के जनगणना अभिलेखों पर आधारित है जिसे Notary Public Karnal — Gajinder Singh — Regd. No. 5572 द्वारा 28 जुलाई 2025 को 'Attested to be true copy' के रूप में प्रमाणित किया गया है। भारत सरकार की मुहर सहित यह दस्तावेज पूर्णतः कानूनी रूप से प्रमाणित है।

7.2 वैष्णव बैरागी अस्थल – 500 वर्ष पुराना

स्वर्णप्रस्थ की गाथा : 3526 वर्षों का अनसुना इतिहास

तिरखू तीर्थ में वैष्णव बैरागियों का एक ऐतिहासिक अस्थल है जो 500 वर्षों से अधिक समय से अस्तित्व में है।

"The asthal of the Bairagis in Trikhu is connected with the Trikhu bathing fair founded by Bairagi Sohlu Ram, a great devotee; it has been in existence for 500 years."

– H.A. Rose Glossary — Notary Attested 28 July 2025

महान भक्त बैरागी सोहलू राम द्वारा स्थापित यह अस्थल सनातन वैष्णव बैरागी परंपरा का एक जीवंत केंद्र है। 500 वर्ष – अर्थात् यह उस काल से है जब मुगल साम्राज्य भारत में स्थापित हो रहा था। उस कठिन काल में भी इस अस्थल ने अपनी परंपरा अखंड रखी – यही इसकी महानता है।

7.3 अस्थल का विवरण – ब्रिटिश दस्तावेज से

इस पवित्र अस्थल में जो विग्रह स्थापित हैं उनका विवरण ब्रिटिश दस्तावेज में इस प्रकार दिया गया है –

"It contains stone images of Krishna, Radhika and Bal Deo, 1½ spans high and all set on a small square. Below them stand brass idols of Radhika and Krishna, each a span high. There are also 4 brass images of Bala Ji, each a span high, just before which are seated 6 brass Idols of Gopal Ji. A few stone idols of Salig Ram also stand in front of them."

– H.A. Rose Glossary

अस्थल में स्थापित विग्रह

- श्रीकृष्ण, राधिका और बल देव की पाषाण मूर्तियाँ – डेढ़ स्पान ऊँची
- राधिका और श्रीकृष्ण की पीतल की मूर्तियाँ
- बाला जी की 4 पीतल की मूर्तियाँ
- गोपाल जी की 6 पीतल की मूर्तियाँ
- शालिग्राम के पाषाण विग्रह

यह निम्बार्क संप्रदाय की राधा-कृष्ण युगल उपासना परंपरा का जीवंत प्रमाण है। इस अस्थल में अंदर सुंदर राधा-कृष्ण की युगल जोड़ी है और सामने यक्ष की बड़ी मूर्ति – यह संयोजन इस स्थान की विशिष्टता है।

7.4 अस्थल की दैनिक परंपराएँ

"A bhog of milk or sweetmeat is offered morning and evening, but the sacred lamp is lit only in the evening. Arti is performed morning and evening when all the images are washed and dried. No distinction is made in the offerings of different Hindu castes."

– H.A. Rose Glossary

- प्रातः और सायं – दूध या मिठाई का भोग

- सायंकाल – पवित्र दीपक प्रज्वलन
- प्रातः और सायं – आरती
- सभी हिन्दू जातियों के भोग में कोई भेद नहीं – समता का सिद्धांत

यह अंतिम बिंदु अत्यंत महत्वपूर्ण है – इस अस्थल में विभिन्न हिन्दू जातियों के भोग में कोई भेद नहीं किया जाता। यह वैष्णव बैरागी परंपरा की उस समतावादी भावना का प्रमाण है जो सनातन धर्म की सच्ची आत्मा है।

"Connected with this are the shrines in Daher, Lotha, Rehr, Brahmanmajra, Alupur, Tara, Lohari, Gangtha and Mondhlawa in Rohtak and Hat in Jind. These are all governed by the mahant whose disciples are appointed to each temple."

– H.A. Rose Glossary

यह अध्याय – 7

अस्थल तिरखू तीर्थ – वैष्णव बैरागी परंपरा का पवित्र धाम

महाभारतकालीन तीर्थ – ब्रिटिश सरकार के दस्तावेज से प्रमाणित

अस्वीकरण: इस अध्याय के तथ्य 'A Glossary of the Tribes and Castes of the Punjab and North-West Frontier Province' — H.A. Rose (Census 1883 व 1892) – Notary Public Karnal द्वारा 28

जुलाई 2025 को प्रमाणित – पर आधारित हैं। महंत जी का परिचय लेखक के व्यक्तिगत ज्ञान पर आधारित है।

7.1 अस्थल तिरखू तीर्थ – नाम में ही इतिहास है

सोनीपत से गन्नौर होते हुए लगभग 35 किलोमीटर की दूरी पर स्थित है एक ऐसा पवित्र तीर्थ जिसका उल्लेख महाभारत काल से चला आ रहा है – तिरखू तीर्थ।

यह वह भूमि है जहाँ महाभारत के वन पर्व की एक अत्यंत महत्वपूर्ण घटना घटी थी। यह वह तालाब है जिसके किनारे यक्ष ने पांडवों की परीक्षा ली थी और धर्मराज युधिष्ठिर ने अपने ज्ञान और धर्मनिष्ठा से उस परीक्षा में उत्तीर्ण होकर अपने चारों भाइयों को पुनर्जीवित करवाया था।

ब्रिटिश सरकार के आधिकारिक दस्तावेज से प्रमाण

"The Trikhu Tirath at Panipat is visited on the somti-amawas, a bathing fair to which great religious importance attaches. Trikhu means 'three-sided' but its other meaning is 'to wash away the sins of all those who bathe in the tank.' The Tirath dates from the time of the Mahabharata."

— A Glossary of Tribes and Castes, Punjab — H.A. Rose (Census 1883, 1892)

Notary Public Karnal — Attested 28 July 2025

अर्थात् – अस्थल तिरखू का अर्थ है त्रिभुजाकार – और इसका दूसरा अर्थ है कि इस तालाब में स्नान करने वाले सभी के पाप धुल जाते हैं। और सबसे महत्वपूर्ण – यह तीर्थ महाभारत काल से चला आ रहा है।

यह प्रमाण ब्रिटिश सरकार के 1883 और 1892 के जनगणना अभिलेखों पर आधारित है जिसे Notary Public Karnal — Gajinder Singh — Regd. No. 5572 द्वारा 28 जुलाई 2025 को 'Attested to be true copy' के रूप में प्रमाणित किया गया है। भारत सरकार की मुहर सहित यह दस्तावेज पूर्णतः कानूनी रूप से प्रमाणित है।

7.2 वैष्णव बैरागी अस्थल – 500 वर्ष पुराना

अस्थल तिरखू तीर्थ में वैष्णव बैरागियों का एक ऐतिहासिक अस्थल है जो 500 वर्षों से अधिक समय से अस्तित्व में है।

"The asthal of the Bairagis in Trikhu is connected with the Trikhu bathing fair founded by Bairagi Sohlu Ram, a great devotee; it has been in existence for 500 years."

– H.A. Rose Glossary — Notary Attested 28 July 2025

महान भक्त बैरागी सोहलू राम द्वारा स्थापित यह अस्थल सनातन वैष्णव बैरागी परंपरा का एक जीवंत केंद्र है। 500 वर्ष – अर्थात् यह उस काल से है जब मुगल साम्राज्य भारत में

स्थापित हो रहा था। उस कठिन काल में भी इस अस्थल ने अपनी परंपरा अखंड रखी – यही इसकी महानता है।

7.3 अस्थल का विवरण – ब्रिटिश दस्तावेज से

इस पवित्र अस्थल में जो विग्रह स्थापित हैं उनका विवरण ब्रिटिश दस्तावेज में इस प्रकार दिया गया है –

"It contains stone images of Krishna, Radhika and Bal Deo, 1½ spans high and all set on a small square. Below them stand brass idols of Radhika and Krishna, each a span high. There are also 4 brass images of Bala Ji, each a span high, just before which are seated 6 brass idols of Gopal Ji. A few stone idols of Salig Ram also stand in front of them."

– H.A. Rose Glossary

अस्थल में स्थापित विग्रह

- श्रीकृष्ण, राधिका और बल देव की पाषाण मूर्तियाँ – डेढ़ स्पान ऊँची
- राधिका और श्रीकृष्ण की पीतल की मूर्तियाँ
- बाला जी की 4 पीतल की मूर्तियाँ
- गोपाल जी की 6 पीतल की मूर्तियाँ
- शालिग्राम के पाषाण विग्रह

यह निम्बार्क संप्रदाय की राधा-कृष्ण युगल उपासना परंपरा का जीवंत प्रमाण है। इस अस्थल में अंदर सुंदर राधा-कृष्ण की युगल जोड़ी है और सामने यक्ष की बड़ी मूर्ति – यह संयोजन इस स्थान की विशिष्टता है।

7.4 अस्थल की दैनिक परंपराएँ

"A bhog of milk or sweetmeat is offered morning and evening, but the sacred lamp is lit only in the evening. Arti is performed morning and evening when all the images are washed and dried. No distinction is made in the offerings of different Hindu castes."

– H.A. Rose Glossary

- प्रातः और सायं – दूध या मिठाई का भोग
- सायंकाल – पवित्र दीपक प्रज्वलन
- प्रातः और सायं – आरती
- सभी हिन्दू जातियों के भोग में कोई भेद नहीं – समता का सिद्धांत

यह अंतिम बिंदु अत्यंत महत्वपूर्ण है – इस अस्थल में विभिन्न हिन्दू जातियों के भोग में कोई भेद नहीं किया जाता। यह वैष्णव

बैरागी परंपरा की उस समतावादी भावना का प्रमाण है जो सनातन धर्म की सच्ची आत्मा है।

"Connected with this are the shrines in Daher, Lotha, Rehr, Brahmanmajra, Alupur, Tara, Lohari, Gangtha and Mondhlawa in Rohtak and Hat in Jind. These are all governed by the mahant whose disciples are appointed to each temple."

– H.A. Rose Glossary

यह अस्थल रोहतक और जींद के अनेक मंदिरों से जुड़ा एक विशाल वैष्णव बैरागी नेटवर्क का केंद्र है।

7.5 यक्ष-युधिष्ठिर संवाद – महाभारत का सबसे ज्ञानपूर्ण प्रसंग

तिरखू तीर्थ का सीधा संबंध महाभारत के वन पर्व के उस प्रसंग से है जो यक्ष-युधिष्ठिर संवाद के नाम से विख्यात है।

पांडव वनवास के अंतिम वर्षों में इस क्षेत्र में विचरण कर रहे थे। एक दिन वे प्यासे थे। युधिष्ठिर ने एक-एक करके सहदेव, नकुल, अर्जुन और भीम को जल लाने भेजा – किंतु कोई नहीं लौटा।

युधिष्ठिर स्वयं उस तालाब पर पहुँचे। वहाँ उन्होंने अपने चारों भाइयों को मूर्च्छित पड़े देखा। तभी आकाशवाणी हुई – 'पहले मेरे प्रश्नों का उत्तर दो – तब जल पी सकते हो।' युधिष्ठिर ने विनम्रता से यक्ष से प्रकट होने का निवेदन किया।

7.6 यक्ष के प्रमुख प्रश्न और युधिष्ठिर के उत्तर

यक्ष का प्रश्न: सबसे बड़ा आश्चर्य क्या है?

युधिष्ठिर का उत्तर: प्रतिदिन प्राणी मृत्यु को प्राप्त होते हैं – फिर भी जो बचे हैं वे सोचते हैं कि वे अमर हैं। इससे बड़ा आश्चर्य क्या होगा?

यक्ष का प्रश्न: मार्ग क्या है?

युधिष्ठिर का उत्तर: महापुरुषों का मार्ग ही सच्चा मार्ग है।

यक्ष का प्रश्न: ब्राह्मण में देवत्व क्या है?

युधिष्ठिर का उत्तर: वेद और धर्म का ज्ञान।

यक्ष का प्रश्न: विदेश में सबसे बड़ा मित्र कौन है?

युधिष्ठिर का उत्तर: विद्या।

यक्ष का प्रश्न: घर में सबसे बड़ा मित्र कौन है?

युधिष्ठिर का उत्तर: पत्नी।

यक्ष का प्रश्न: मृत्यु के समय सबसे बड़ा मित्र कौन है?

युधिष्ठिर का उत्तर: दान।

यक्ष का प्रश्न: सबसे बड़ा सुख क्या है?

युधिष्ठिर का उत्तर: संतोष।

यक्ष का प्रश्न: धर्म क्या है?

युधिष्ठिर का उत्तर: अनुकम्पा – सभी प्राणियों के प्रति दया।

युधिष्ठिर के इन उत्तरों से यक्ष अत्यंत प्रसन्न हो गया। उसने चारों भाइयों को पुनर्जीवित कर दिया। तब यक्ष ने अपना वास्तविक स्वरूप प्रकट किया – वह यक्ष स्वयं धर्मराज थे जो युधिष्ठिर की परीक्षा ले रहे थे।

यक्ष-युधिष्ठिर संवाद – यह केवल एक कथा नहीं, यह जीवन का सार है। जो इसे समझ गया – वह धर्म को समझ गया।

7.7 मंदिर में पांडवों की मूर्तियाँ – लेखक का साक्ष्य

मैं इस तीर्थ पर अनेक बार जा चुका हूँ। मेरे गाँव रामनगर से यह लगभग 35 किलोमीटर दूर है। जब भी मन करता है – चला जाता हूँ।

इस तीर्थ के मंदिर के अंदर पांडवों की मूर्तियाँ हैं जिनमें वे बेहोश पड़े हुए दिखाए गए हैं – ठीक उसी क्षण का चित्रण जब यक्ष ने उन्हें मूर्च्छित कर दिया था। यह मूर्ति-शिल्प देखकर रोमांच हो जाता है – महाभारत की वह घटना जैसे सामने साकार हो उठती है।

तालाब अत्यंत सुंदर है। उसके किनारे बैठकर मन में एक अद्भुत शांति उतरती है। यह वही तालाब है जहाँ 5000 वर्ष पूर्व पांडवों ने जल पीने का प्रयास किया था।

– नरेश दास वैष्णव निम्बार्क

7.8 पीठाधीश्वर – महंत डॉ. राजपाल दास बैरागी

इस पवित्र वैष्णव अस्थल के वर्तमान पीठाधीश्वर हैं – महंत डॉ. राजपाल दास बैरागी। उनका जीवन-परिचय सनातन वैष्णव बैरागी परंपरा की उस महान धारा का जीवंत उदाहरण है जो त्याग, तपस्या और ज्ञान पर आधारित है।

जन्म और समर्पण – 1960

सन् 1960 में उनके पिताजी – स्वतंत्रता सेनानी धनपत उर्फ रवि रतन – ने अपने पुत्र को इस वैष्णव बैरागी पीठ पर समर्पित कर दिया। एक पिता का यह त्याग – कि अपने पुत्र को ईश्वर सेवा में समर्पित कर दिया – भारतीय सनातन परंपरा की वह उच्चतम भावना है।

जो पिता स्वयं स्वतंत्रता सेनानी हो – जिसने देश के लिए अपना सर्वस्व अर्पित किया – उसी ने अपने पुत्र को धर्म और संस्कृति की सेवा में लगाया। यह दोहरा बलिदान इतिहास में अंकित होने योग्य है।

शिक्षा और शोध – 1981

सन् 1981 में महंत डॉ. राजपाल दास बैरागी ने निम्बार्क वेदांत पर पीएचडी की उपाधि प्राप्त की। संस्कृत भाषा में भी उनके पास उच्च शैक्षणिक योग्यता है।

एक ओर वैष्णव परंपरा की साधना – दूसरी ओर आधुनिक शोध की गहराई। यह संगम महंत जी को एक विलक्षण व्यक्तित्व बनाता है। वे न केवल परंपरा के पालक हैं – वे उसके प्रामाणिक शोधकर्ता भी हैं।

लेखक का वर्णन

मैं स्वयं निम्बार्क संप्रदाय का शोधकर्ता हूँ। महंत डॉ. राजपाल दास बैरागी जी से मेरा आत्मीय संबंध है। उनका ज्ञान, उनका अनुशासन और वैष्णव परंपरा के प्रति उनका समर्पण देखकर मन में श्रद्धा उत्पन्न होती है। वैष्णव बैरागी परंपरा के वे एक जीवंत स्तंभ हैं।

– नरेश दास वैष्णव निम्बार्क

7.9 निम्बार्क संप्रदाय और तिरखू तीर्थ

यह तीर्थ निम्बार्क संप्रदाय की परंपरा का एक महत्वपूर्ण केंद्र है। निम्बार्क संप्रदाय में राधा-कृष्ण की युगल उपासना सर्वोपरि है।

इस अस्थल में जो राधा-कृष्ण की युगल जोड़ी विराजमान है – वह इसी परंपरा का जीवंत प्रमाण है। सामने यक्ष की विशाल मूर्ति इस स्थान को महाभारत काल से जोड़ती है।

स्वर्णप्रस्थ की गाथा : 3526 वर्षों का अनसुना इतिहास

निम्बार्क संप्रदाय में राधाकृष्ण की युगल मूर्ति के प्रतीक सर्वेश्वर शालिग्राम की प्रमुख रूप से सेवा पूजा होती है। इस परंपरा में राधा की महत्ता को सर्वप्रथम निम्बार्काचार्य ने स्थापित किया था।

तिरखू तीर्थ – जहाँ महाभारत की स्मृति है, वैष्णव बैरागी परंपरा की साधना है और धर्मराज की कृपा है।

7.10 अध्याय का सार

विषय	तथ्य
तीर्थ का नाम	तिरखू तीर्थ
स्थान	पानीपत के निकट
गाँव से दूरी	लेखक के गाँव से 35 किलोमीटर
प्राचीनता	महाभारत काल से
वैष्णव अस्थल राम	500 वर्ष पुराना – बैरागी सोहलू
ब्रिटिश प्रमाण	H.A. Rose Glossary — Notary 2025
महाभारत प्रसंग	यक्ष-युधिष्ठिर संवाद – वन पर्व
पीठाधीश्वर	महंत डॉ. राजपाल दास बैरागी

पिता स्वतंत्रता सेनानी धनपत उर्फ रवि रतन

समर्पण वर्ष 1960 – वैष्णव बैरागी पीठ पर

पीएचडी 1981 – निम्बार्क वेदांत + संस्कृत

संदर्भ सूची – अध्याय 7

1. A Glossary of Tribes and Castes, Punjab — H.A. Rose (Census 1883, 1892) – Notary Public Karnal — Attested 28 July 2025

2. Wikipedia — यक्ष प्रश्न (hi.wikipedia.org)

3. Krishnakosh.org — यक्ष-युधिष्ठिर संवाद

4. BharatDiscovery — निम्बार्क संप्रदाय

5. Grehlakshmi.com — यक्ष-प्रश्न महाभारत

6. लेखक का आँखों देखा अनुभव – नरेश दास वैष्णव निम्बार्क

जय श्रीकृष्ण | जय हिंद | भारत माता की जयस्थल रोहतक और जींद के अनेक मंदिरों से जुड़ा एक विशाल वैष्णव बैरागी नेटवर्क का केंद्र है।

7.5 यक्ष-युधिष्ठिर संवाद – महाभारत का सबसे ज्ञानपूर्ण प्रसंग

तिरखू तीर्थ का सीधा संबंध महाभारत के वन पर्व के उस प्रसंग से है जो यक्ष-युधिष्ठिर संवाद के नाम से विख्यात है।

पांडव वनवास के अंतिम वर्षों में इस क्षेत्र में विचरण कर रहे थे। एक दिन वे प्यासे थे। युधिष्ठिर ने एक-एक करके सहदेव, नकुल, अर्जुन और भीम को जल लाने भेजा – किंतु कोई नहीं लौटा।

युधिष्ठिर स्वयं उस तालाब पर पहुँचे। वहाँ उन्होंने अपने चारों भाइयों को मूर्च्छित पड़े देखा। तभी आकाशवाणी हुई – 'पहले मेरे प्रश्नों का उत्तर दो – तब जल पी सकते हो।' युधिष्ठिर ने विनम्रता से यक्ष से प्रकट होने का निवेदन किया।

7.6 यक्ष के प्रमुख प्रश्न और युधिष्ठिर के उत्तर

यक्ष का प्रश्न: सबसे बड़ा आश्चर्य क्या है?

युधिष्ठिर का उत्तर: प्रतिदिन प्राणी मृत्यु को प्राप्त होते हैं – फिर भी जो बचे हैं वे सोचते हैं कि वे अमर हैं। इससे बड़ा आश्चर्य क्या होगा?

यक्ष का प्रश्न: मार्ग क्या है?

युधिष्ठिर का उत्तर: महापुरुषों का मार्ग ही सच्चा मार्ग है।

यक्ष का प्रश्न: ब्राह्मण में देवत्व क्या है?

युधिष्ठिर का उत्तर: वेद और धर्म का ज्ञान।

यक्ष का प्रश्न: विदेश में सबसे बड़ा मित्र कौन है?

युधिष्ठिर का उत्तर: विद्या।

यक्ष का प्रश्न: घर में सबसे बड़ा मित्र कौन है?

युधिष्ठिर का उत्तर: पत्नी।

यक्ष का प्रश्न: मृत्यु के समय सबसे बड़ा मित्र कौन है?

युधिष्ठिर का उत्तर: दान।

यक्ष का प्रश्न: सबसे बड़ा सुख क्या है?

युधिष्ठिर का उत्तर: संतोष।

यक्ष का प्रश्न: धर्म क्या है?

युधिष्ठिर का उत्तर: अनुकम्पा – सभी प्राणियों के प्रति दया।

युधिष्ठिर के इन उत्तरों से यक्ष अत्यंत प्रसन्न हो गया। उसने चारों भाइयों को पुनर्जीवित कर दिया। तब यक्ष ने अपना वास्तविक स्वरूप प्रकट किया – वह यक्ष स्वयं धर्मराज थे जो युधिष्ठिर की परीक्षा ले रहे थे।

यक्ष-युधिष्ठिर संवाद – यह केवल एक कथा नहीं, यह जीवन का सार है। जो इसे समझ गया – वह धर्म को समझ गया।

7.7 मंदिर में पांडवों की मूर्तियाँ – लेखक का साक्ष्य

मैं इस तीर्थ पर अनेक बार जा चुका हूँ। मेरे गाँव रामनगर से यह लगभग 35 किलोमीटर दूर है। जब भी मन करता है – चला जाता हूँ।

इस तीर्थ के मंदिर के अंदर पांडवों की मूर्तियाँ हैं जिनमें वे बेहोश पड़े हुए दिखाए गए हैं – ठीक उसी क्षण का चित्रण जब यक्ष ने उन्हें मूर्च्छित कर दिया था। यह मूर्ति-शिल्प देखकर रोमांच हो जाता है – महाभारत की वह घटना जैसे सामने साकार हो उठती है।

तालाब अत्यंत सुंदर है। उसके किनारे बैठकर मन में एक अद्भुत शांति उतरती है। यह वही तालाब है जहाँ 5000 वर्ष पूर्व पांडवों ने जल पीने का प्रयास किया था।

– नरेश दास वैष्णव निम्बार्क

7.8 पीठाधीश्वर – महंत डॉ. राजपाल दास बैरागी

इस पवित्र वैष्णव अस्थल के वर्तमान पीठाधीश्वर हैं – महंत डॉ. राजपाल दास बैरागी। उनका जीवन-परिचय सनातन वैष्णव बैरागी परंपरा की उस महान धारा का जीवंत उदाहरण है जो त्याग, तपस्या और ज्ञान पर आधारित है।

जन्म और समर्पण – 1960

सन् 1960 में उनके पिताजी – स्वतंत्रता सेनानी धनपत उर्फ रवि रतन – ने अपने पुत्र को इस वैष्णव बैरागी पीठ पर समर्पित कर दिया। एक पिता का यह त्याग – कि अपने पुत्र को ईश्वर सेवा में समर्पित कर दिया – भारतीय सनातन परंपरा की वह उच्चतम भावना है।

जो पिता स्वयं स्वतंत्रता सेनानी हो – जिसने देश के लिए अपना सर्वस्व अर्पित किया – उसी ने अपने पुत्र को धर्म और संस्कृति की सेवा में लगाया। यह दोहरा बलिदान इतिहास में अंकित होने योग्य है।

शिक्षा और शोध – 1981

सन् 1981 में महंत डॉ. राजपाल दास बैरागी ने निम्बार्क वेदांत पर पीएचडी की उपाधि प्राप्त की। संस्कृत भाषा में भी उनके पास उच्च शैक्षणिक योग्यता है।

एक ओर वैष्णव परंपरा की साधना – दूसरी ओर आधुनिक शोध की गहराई। यह संगम महंत जी को एक विलक्षण व्यक्तित्व बनाता है। वे न केवल परंपरा के पालक हैं – वे उसके प्रामाणिक शोधकर्ता भी हैं।

लेखक का वर्णन

मैं स्वयं निम्बार्क संप्रदाय का शोधकर्ता हूँ। महंत डॉ. राजपाल दास बैरागी जी से मेरा आत्मीय संबंध है। उनका ज्ञान, उनका अनुशासन और वैष्णव परंपरा के प्रति उनका समर्पण देखकर

मन में श्रद्धा उत्पन्न होती है। वैष्णव बैरागी परंपरा के वे एक जीवंत स्तंभ हैं।

– नरेश दास वैष्णव निम्बार्क

7.9 निम्बार्क संप्रदाय और तिरखू तीर्थ

यह तीर्थ निम्बार्क संप्रदाय की परंपरा का एक महत्वपूर्ण केंद्र है। निम्बार्क संप्रदाय में राधा-कृष्ण की युगल उपासना सर्वोपरि है।

इस अस्थल में जो राधा-कृष्ण की युगल जोड़ी विराजमान है – वह इसी परंपरा का जीवंत प्रमाण है। सामने यक्ष की विशाल मूर्ति इस स्थान को महाभारत काल से जोड़ती है।

निम्बार्क संप्रदाय में राधाकृष्ण की युगल मूर्ति के प्रतीक सर्वेश्वर शालिग्राम की प्रमुख रूप से सेवा पूजा होती है। इस परंपरा में राधा की महत्ता को सर्वप्रथम निम्बार्काचार्य ने स्थापित किया था।

तिरखू तीर्थ – जहाँ महाभारत की स्मृति है, वैष्णव बैरागी परंपरा की साधना है और धर्मराज की कृपा है।

7.10 अध्याय का सार

विषय	तथ्य
तीर्थ का नाम	तिरखू तीर्थ

स्वर्णप्रस्थ की गाथा : 3526 वर्षों का अनसुना इतिहास

स्थान	पानीपत के निकट
गाँव से दूरी	लेखक के गाँव से 35 किलोमीटर
प्राचीनता	महाभारत काल से
वैष्णव अस्थल	500 वर्ष पुराना – बैरागी सोहलू राम
ब्रिटिश प्रमाण	H.A. Rose Glossary — Notary 2025
महाभारत प्रसंग	यक्ष-युधिष्ठिर संवाद – वन पर्व
पीठाधीश्वर	महंत डॉ. राजपाल दास बैरागी
पिता	स्वतंत्रता सेनानी धनपत उर्फ रवि रतन
समर्पण वर्ष	1960 – वैष्णव बैरागी पीठ पर
पीएचडी	1981 – निम्बार्क वेदांत + संस्कृत

संदर्भ सूची – अध्याय 7

1. A Glossary of Tribes and Castes, Punjab — H.A. Rose (Census 1883, 1892) – Notary Public Karnal — Attested 28 July 2025

2. Wikipedia — यक्ष प्रश्न (hi.wikipedia.org)

3. Krishnakosh.org — यक्ष-युधिष्ठिर संवाद

4. BharatDiscovery — निम्बार्क संप्रदाय

5. Grehlakshmi.com — यक्ष-प्रश्न महाभारत

6. लेखक का आँखों देखा अनुभव – नरेश दास वैष्णव निम्बार्क

अध्याय — 8

बंदा बैरागी का प्रथम सैनिक मुख्यालय

गाँव सेहरी खांडा – तहसील खरखौदा – जिला सोनीपत

अस्वीकरण: इस अध्याय के तथ्य Punjab Kesari, Utisth Bharat, Wikipedia और Madhav College के प्रामाणिक स्रोतों पर आधारित हैं। इस अध्याय में महापुरुष को उनके प्रामाणिक नामों – माधो दास बैरागी और बंदा बैरागी – से ही संबोधित किया गया है।

8.1 माधो दास बैरागी – एक अद्भुत जीवन यात्रा

भारतीय इतिहास में अनेक वीरों ने अपने प्राणों का उत्सर्ग किसी राज्य, सिंहासन या व्यक्तिगत महत्वाकांक्षा के लिए नहीं – बल्कि देश, धर्म और स्वाभिमान की रक्षा के लिए किया। ऐसे ही महापुरुषों में माधो दास बैरागी का स्थान अग्रणी है।

उनका मूल नाम लक्ष्मण देव मन्हास था। 27 अक्टूबर 1670 को राजौरी में जन्मे लक्ष्मण देव ने 15 वर्ष की अल्पायु में ही संन्यासी जीवन अपना लिया। घर-बार छोड़कर वे बैरागी परंपरा में दीक्षित हुए और उन्हें माधो दास बैरागी नाम मिला।

वैराग्य की साधना करते हुए वे भ्रमण करते-करते महाराष्ट्र के नांदेड़ पहुँचे। गोदावरी नदी के तट पर उन्होंने एक मठ की स्थापना की और वहीं साधना में लीन हो गए।

8.2 गुरु गोविंद सिंह से भेंट – 1708

सन् 1708 में गुरु गोविंद सिंह नांदेड़ पधारे। माधो दास बैरागी और गुरु गोविंद सिंह की वह भेंट इतिहास बदलने वाली सिद्ध हुई।

माधो दास बैरागी ने गुरु के चरणों में आत्मसमर्पण करते हुए कहा – 'मैं आपका बंदा हूँ।' और तभी से वे बंदा बैरागी कहलाए। गुरु गोविंद सिंह ने उन्हें पंजाब जाकर मुगलों के अत्याचारों से पीड़ित जनता की रक्षा करने का आदेश दिया।

एक वैष्णव बैरागी संत – जो 15 वर्षों से साधना में था – वह अब धर्म रक्षा के लिए शस्त्र उठाने को तैयार था। यह भारतीय इतिहास का एक अविस्मरणीय क्षण था।

एक बैरागी ने जब शस्त्र उठाया – तो मुगल सल्तनत की नींव हिल गई।

8.3 सोनीपत की भूमि पर बंदा बैरागी

गुरु गोविंद सिंह का आदेश लेकर बंदा बैरागी पंजाब की ओर प्रस्थान किए। उनकी विजय यात्रा का मार्ग हरियाणा की इसी पवित्र भूमि से होकर गुजरा।

बंदा बैरागी ने कैथल और सोनीपत में मुगलों के खजाने पर कब्जा किया। सोनीपत – वही स्वर्णप्रस्थ – जिसे महाभारत में पांडवों ने माँगा था – अब बंदा बैरागी की विजय यात्रा का साक्षी बना।

8.4 प्रथम सैनिक मुख्यालय – सेहरी खांडा – 21 फरवरी 1709

यह वह ऐतिहासिक तथ्य है जो सोनीपत के इतिहास में एक सुनहरा अध्याय जोड़ता है –

21 फरवरी 1709 को सोनीपत (हरियाणा) के पास सेहरी खांडा नामक गाँव में निम्बार्क संप्रदाय और निर्मोही अखाड़े के संत महंत किशोर दास जी के निर्मोही अखाड़ा मठ को बंदा बैरागी ने अपना प्रथम सैनिक मुख्यालय बनाया।

– Punjab Kesari एवं Utisth Bharat

21 फरवरी 1709 – यह तिथि सोनीपत के इतिहास में स्वर्णाक्षरों में अंकित होनी चाहिए। उस दिन तहसील खरखौदा के गाँव सेहरी खांडा की भूमि ने भारतीय इतिहास की एक महान घटना को अपनी गोद में धारण किया।

मठ का ऐतिहासिक महत्व

यह मठ साधारण नहीं था। यह निम्बार्क संप्रदाय और निर्मोही अखाड़े का वह पवित्र स्थान था जहाँ वैष्णव बैरागी परंपरा की साधना होती थी। और इसी वैष्णव बैरागी परंपरा से निकले माधो दास बैरागी ने इसी परंपरा के मठ में अपनी युद्ध रणनीति तैयार की।

यह केवल एक सैनिक घटना नहीं – यह वैष्णव बैरागी परंपरा का राष्ट्र रक्षा में योगदान का जीवंत प्रमाण है। इस पुस्तक का मुख्य विषय – सनातन वैष्णव बैरागी परंपरा – यहाँ अपने उच्चतम रूप में प्रकट होती है।

8.5 निम्बार्क संप्रदाय और बंदा बैरागी

बंदा बैरागी ने अपनी युद्ध नीति निम्बार्क संप्रदाय और निर्मोही अखाड़े के संत महंत किशोरदास जी के मठ में बैठकर तैयार की। उन्होंने गीता के ज्ञान का स्मरण रखते हुए बादशाह से निडर होकर कहा –

"आत्मा न मरता है, न मारता है – सुन मेरी गीता का ज्ञान।"

–बंदा बैरागी के अंतिम वचन

यह वचन उस महान वैष्णव बैरागी की आत्मा की आवाज है जो साधना से शस्त्र तक – और शस्त्र से बलिदान तक – एक ही सनातन धर्म की राह पर चला।

8.6 विजय यात्रा

सेहरी खांडा से अपनी युद्ध रणनीति तैयार करके बंदा बैरागी ने पंजाब की ओर प्रस्थान किया। उनकी सेना में पहले केवल 3 साथी थे – जो शीघ्र ही हजारों में बदल गई।

बंदा बैरागी की विजय यात्रा ने सदियों से चले आ रहे मुगल अत्याचारों का अंत किया। वे पहले ऐसे योद्धा बने जिन्होंने मुगलों के अजेय होने के भ्रम को तोड़ा।

- कैथल और सोनीपत में मुगल खजाने पर विजय
- सिरहिंद की ऐतिहासिक विजय – मुगलों को पराजय
- छोटे साहबजादों के बलिदान का प्रतिशोध
- पंजाब में पहली बार मुगल सत्ता को चुनौती

8.7 बलिदान – 9 जून 1716

बंदा बैरागी को अंततः मुगलों ने पकड़ लिया। दिल्ली में उन्हें असहनीय यातनाएं दी गईं। मुगलों ने उनके सामने उनके पुत्र को मारा। फिर भी यह वीर वैष्णव बैरागी डिगा नहीं – झुका नहीं।

9 जून 1716 को बंदा बैरागी ने – गीता के ज्ञान का स्मरण करते हुए – मानव उत्थान यज्ञ में अपने प्राणों की आहुति दे दी। उनका बलिदान भारतीय इतिहास के उन महान बलिदानों में से एक है जिन्हें इतिहास कभी नहीं भुला सकता।

स्वर्णप्रस्थ की गाथा : 3526 वर्षों का अनसुना इतिहास

एक वैष्णव बैरागी ने जो सोनीपत की धरती पर शंखनाद किया – उसकी गूँज आज भी इतिहास के पन्नों में सुनाई देती है।

8.8 सोनीपत का गौरव

यह तथ्य सोनीपत के प्रत्येक निवासी को जानना चाहिए –

जिस सोनीपत को महाभारत में स्वर्णप्रस्थ कहा गया – जिस सोनीपत को पांडवों ने माँगा था – उसी सोनीपत की तहसील खरखौदा के गाँव सेहरी खांडा में उस महान वीर बंदा बैरागी का प्रथम सैनिक मुख्यालय था जिसने मुगल सल्तनत की नींव हिला दी।

और यह मुख्यालय किसी साधारण स्थान पर नहीं था – निम्बार्क संप्रदाय के वैष्णव बैरागी मठ में था। यही इस पुस्तक की मुख्य थीम है – सनातन वैष्णव बैरागी परंपरा का राष्ट्र रक्षा में अतुलनीय योगदान।

मैंने अपनी पुस्तक 'बंदा बैरागी' में भी इस तथ्य का विस्तृत वर्णन किया है। सोनीपत की इस पवित्र भूमि पर जन्म लेकर जब भी मैं सेहरी खांडा का स्मरण करता हूँ – मन में गर्व और श्रद्धा का भाव उत्पन्न होता है। यह भूमि केवल महाभारत की नहीं – यह बंदा बैरागी की भी भूमि है।

–नरेश दास वैष्णव निम्बार्क

8.9 अध्याय का सार

विषय	तथ्य
महापुरुष का नाम	माधो दास बैरागी / बंदा बैरागी
जन्म	27 अक्टूबर 1670 – राजौरी
मूल नाम	लक्ष्मण देव मन्हास
वैराग्य नाम	माधो दास बैरागी
गुरु से भेंट	1708 – नांदेड़
सोनीपत में	मुगल खजाने पर विजय
प्रथम मुख्यालय	21 फरवरी 1709
स्थान	सेहरी खांडा – खरखौदा – सोनीपत
मठ	निम्बार्क संप्रदाय – निर्मोही अखाड़ा
महंत	किशोर दास जी
बलिदान	9 जून 1716

स्वर्णप्रस्थ की गाथा : 3526 वर्षों का अनसुना इतिहास

संदर्भ सूची – अध्याय 8

1. Punjab Kesari — बंदा बैरागी इतिहास

2. Utisth Bharat — बंदा वीर बैरागी – utisthbharat.com

3. Wikipedia — बन्दा बहादुर (hi.wikipedia.org)

4. Madhav College — संत वैरागी का राष्ट्र अनुराग

5. Panchjanya — बंदा बैरागी 2026

6. BharatDiscovery — बन्दा बहादुर

जय श्रीकृष्ण | जय हिंद | भारत माता की जय

अध्याय — 9

आधुनिक सोनीपत

स्वर्णप्रस्थ से स्मार्ट सिटी तक की यात्रा

अस्वीकरण: इस अध्याय के तथ्य Wikipedia, Topkro.com, Audiala.com, HaryanaAspirant.com और सरकारी स्रोतों से प्रमाणित हैं। लेखक के आँखों देखे अनुभव उनके व्यक्तिगत साक्ष्य हैं।

9.1 लेखक की स्मृतियाँ – वह सोनीपत और यह सोनीपत

जब मैं बचपन में सोनीपत जाता था – तब एक छोटा सा शहर था। संकरी गलियाँ, कुछ बाजार, एक-दो बड़े चौक और एटलस साइकिल की एक फैक्ट्री – यही पहचान थी इस शहर की। आज वही सोनीपत एक भव्य आधुनिक महानगर बन चुका है।

मेरे देखते-देखते इस शहर ने जो कायापलट की है – वह किसी चमत्कार से कम नहीं। आज बाईपास निकल गया है, चौड़ी सड़कें हैं, नए-नए विश्वविद्यालय हैं, गाँव-गाँव तक फैक्ट्रियों का जाल है। और वही पुराना सोनीपत रेलवे स्टेशन भी अब बहुत बढ़िया आधुनिक रूप में बन चुका है। यह देखकर मन में गर्व होता है।

9.2 ऐतिहासिक धरोहर – आज भी जीवित

आधुनिक सोनीपत की सबसे बड़ी विशेषता यह है कि यहाँ हजारों वर्षों का इतिहास आज भी जीवित और दर्शनीय है। इस नगर में प्राचीन मंदिर, मुगलकालीन मकबरे, ऐतिहासिक दरगाहें और पुराने किले के अवशेष – सब एक साथ विद्यमान हैं।

पुराने किले के अवशेष

सोनीपत नगर एक ऊँचे टीले पर बसा हुआ है जो पूर्व नगरों के ध्वस्त होने से बना है। नगर के मध्य में एक विशाल दुर्ग के अवशेष आज भी देखने को मिलते हैं। यह दुर्ग उस गौरवशाली काल की याद दिलाता है जब स्वर्णप्रस्थ एक वैभवशाली नगर था।

खिजर खाँ का मकबरा

नगर के उत्तर में शेरशाह सूरी के वंशज पठान खिजर खाँ का मकबरा स्थित है जिस पर कलात्मक कार्य अत्यंत दर्शनीय है। यह मकबरा मुगलकालीन स्थापत्य कला का एक सुंदर उदाहरण है।

ख़्वाजा ख़िज़्र का मक़बरा – 1522 ईसवी

सन् 1522 या 1525 ईसवी में निर्मित यह मकबरा मुगलकालीन स्थापत्य कला और हस्तशिल्प का उत्कृष्ट नमूना है। यह सोनीपत के उस ऐतिहासिक काल की धरोहर है जब यह नगर दिल्ली सल्तनत का एक प्रमुख केंद्र था।

अब्दुल्ल नसीरुद्दीन की मस्जिद – 1272 ईसवी

सन् 1272 में निर्मित यह मस्जिद – जिसे नूरी मस्जिद के नाम से भी जाना जाता है – भारत की सबसे पुरानी मुस्लिम दरगाहों में से एक है। यह दिल्ली सल्तनत काल की एक अमूल्य धरोहर है।

सैयद नसिरूदीन की दरगाह – मामा भांजा

नगर के मध्य में पुराने किले के निकट सैयद नसिरूदीन की ऐतिहासिक दरगाह है जिसे मामा भांजा के नाम से जाना जाता है। इसे हिन्दू-मुस्लिम एकता का प्रतीक माना जाता है। कहते हैं कि इस दरगाह की स्थापना एक गौड़ ब्राह्मण हिन्दू राजा द्वारा शिव मंदिर में की गई थी – यह इस नगर की सांस्कृतिक समन्वय की परंपरा का प्रमाण है।

9.3 प्राचीन मंदिर – आस्था के केंद्र

सोनीपत अपने प्राचीन मंदिरों के लिए भी जाना जाता है। यहाँ के मंदिर न केवल धार्मिक आस्था के केंद्र हैं – बल्कि इतिहास के जीवंत दस्तावेज भी हैं।

- एटलस श्री राम मंदिर – सोनीपत का सबसे प्राचीन मंदिर
- बाबा धाम मंदिर – हिन्दुओं का प्रमुख तीर्थ
- शीतला माता मंदिर – स्थानीय आस्था का केंद्र
- शिव मंदिर – प्राचीन टीले पर स्थित
- स्वर्णप्रस्थ संग्रहालय – महाभारतकालीन धरोहर संरक्षित

9.4 एटलस साइकिल – सोनीपत की गौरवशाली पहचान

सोनीपत का नाम आते ही एटलस साइकिल की याद आती है। यह केवल एक उद्योग नहीं – यह सोनीपत की पहचान थी, है और रहेगी।

एटलस कंपनी के संस्थापक जानकी दास कपूर थे। उन्होंने 1951 में सोनीपत में एटलस साइकिल हरियाणा कंपनी की नींव डाली। एक दिन में 120 साइकिल बनाने से शुरू हुआ काम बाद में एक दिन में 12000 साइकिल बनने तक जा पहुँचा।

एटलस कंपनी साइकिलों का निर्यात म्यांमार और दक्षिण अफ्रीका जैसे देशों में किया करती थी। सोनीपत, गुरुग्राम, उत्तर प्रदेश के साहिबाबाद और गुजरात के मालनपुर में कंपनी के प्लांट थे।

जब मैं सोनीपत आता था – तब एटलस साइकिल की फैक्ट्री ही इस शहर की पहचान हुआ करती थी। उस फैक्ट्री की गूँज पूरे

शहर में सुनाई देती थी। वह एटलस साइकिल आज भी मेरी स्मृतियों में जीवित है।

–नरेश दास वैष्णव निम्बार्क

9.5 आधुनिक उद्योग – गाँव-गाँव फैक्ट्री का जाल

आज सोनीपत जिले में उद्योगों की भरमार है। जो शहर कभी एटलस साइकिल की एक फैक्ट्री के लिए जाना जाता था

– वहाँ अब गाँव-गाँव तक फैक्ट्रियों का जाल फैल चुका है।

सोनीपत जिले के मुख्य उद्योगों में साइकिल उद्योग, कालीन, हस्तशिल्प, मशीनी उपकरण, सूती वस्त्र और कागज आदि सम्मिलित हैं।

प्रमुख उद्योग और कंपनियाँ

- एटलस साइकिल – विश्वप्रसिद्ध साइकिल उद्योग
- ग्लेक्सोस्मिथक्लाइन – हेल्थकेयर उत्पाद
- याकुल्ट डानोने इंडिया – स्वास्थ्य पेय
- केंद्रीय प्लास्टिक अभिनियन्त्रण संस्थान
- केंद्रीय खाद्य तकनीकी व प्रबन्धन संस्थान
- भारी वाहन चालक प्रशिक्षण संस्थान
- खुंबी (मशरूम) उत्पादन – देश में सर्वाधिक

एक विशेष तथ्य – देश में सबसे अधिक खुंबी (मशरूम) का उत्पादन सोनीपत में होता है। यह सोनीपत की कृषि विविधता का प्रमाण है।

9.6 शिक्षा का केंद्र – राजीव गांधी एजुकेशन सिटी

आज सोनीपत देश के प्रमुख शिक्षा केंद्रों में से एक बन चुका है। राजीव गांधी एंजुकेशन सिटी में अनेक विश्वस्तरीय विश्वविद्यालय स्थापित हैं।

◆ Ashoka University — 2014 में स्थापित, अंतर्राष्ट्रीय स्तर पर प्रसिद्ध

◆ दीनबंधु छोटू राम विश्वविद्यालय – क्षेत्र का प्रमुख विश्वविद्यालय

◆ ओ.पी. जिंदल ग्लोबल विश्वविद्यालय – विधि शिक्षा में अग्रणी

◆ भगत फूल सिंह महिला विश्वविद्यालय – महिला उच्च शिक्षा केंद्र

◆ मोतीलाल नेहरू स्पोर्ट्स स्कूल – 1973 में स्थापित

9.7 खेल की नगरी – हॉकी और कुश्ती

सोनीपत खेलों के क्षेत्र में भी अग्रणी है। हॉकी और कुश्ती अकेडमी यहाँ स्थित है। इस जिले ने देश को अनेक ओलम्पियन और अंतर्राष्ट्रीय खिलाड़ी दिए हैं।

हरियाणा का यह जिला कुश्ती में विशेष रूप से विख्यात है। यहाँ से निकले पहलवान अंतर्राष्ट्रीय मंच पर भारत का गौरव बढ़ाते रहे हैं।

9.8 रेलवे और सड़क – आधुनिक विकास

ब्रिटिश काल में ग्रैंड ट्रंक रोड (NH 44) और दिल्ली-कालका रेलवे लाइन ने सोनीपत की रणनीतिक महत्ता बढ़ाई। आज इन्हीं की बदौलत सोनीपत राष्ट्रीय राजधानी क्षेत्र का एक महत्वपूर्ण केंद्र बन चुका है।

सोनीपत रेलवे स्टेशन का पूर्ण नवीनीकरण हो चुका है – अब यह एक आधुनिक और सुविधाजनक स्टेशन बन चुका है। नया बाईपास निकला है जिससे शहर के भीतर यातायात सहज हो गया है।

भविष्य में सोनीपत से पलवल के बीच नई रेलवे लाइन की योजना है जिसमें 14 नये रेलवे स्टेशन बनने हैं। यह परियोजना सोनीपत को हरियाणा के सभी प्रमुख औद्योगिक शहरों से जोड़ेगी।

9.9 गन्नौर मंडी – विशेष महत्व

सोनीपत जिले की गन्नौर मंडी विदेशी किस्म की सब्जियों और फूलों के व्यवसाय के लिए प्रसिद्ध है। यह मंडी अपनी विशाल अनाज मंडी के लिए भी विख्यात है।

गन्नौर – जो इस पुस्तक के लेखक की जन्मभूमि के निकट है – आज सोनीपत जिले का एक महत्वपूर्ण व्यापारिक केंद्र बन चुका है।

9.10 अकबरपुर बरोटा – ऐतिहासिक दरवाजा

सोनीपत से लगभग 13 किलोमीटर दूरी पर अकबरपुर बरोटा में एक ऐतिहासिक दरवाजा स्थित है जिसे अर्वती दरवाजे के नाम से भी जाना जाता है। यह मुगलकालीन स्थापत्य का एक अनूठा उदाहरण है।

9.11 स्वर्णप्रस्थ से स्मार्ट सिटी तक

3526 वर्ष पहले जब आर्यों ने यमुना के तट पर इस नगर की नींव रखी थी – तब शायद उन्होंने भी नहीं सोचा होगा कि एक दिन यह नगर इतना भव्य बनेगा।

महाभारत में स्वर्णप्रस्थ – सोने का नगर – कहलाया। और आज 3526 वर्ष बाद भी यह नगर अपने नाम को सार्थक कर रहा है।

उद्योग में स्वर्णिम, शिक्षा में स्वर्णिम, खेल में स्वर्णिम और अपनी सांस्कृतिक विरासत में स्वर्णिम।

इस नगर की यात्रा – स्वर्णप्रस्थ से सोनीपत तक – यह केवल एक नाम का बदलाव नहीं है। यह 3526 वर्षों की सनातन यात्रा है – जो आज भी जारी है और आगे भी जारी रहेगी।

62 वर्षों से इस भूमि से जुड़ा हूँ। जो सोनीपत मैंने बचपन में देखा था और जो सोनीपत आज है – दोनों के बीच का यह बदलाव मुझे आश्चर्यचकित करता है। किंतु जो नहीं बदला – वह है इस नगर की आत्मा। स्वर्णप्रस्थ की वह सनातन आत्मा आज भी इसके प्रत्येक कण में विद्यमान है।

–नरेश दास वैष्णव निम्बार्क

स्वर्णप्रस्थ 3526 वर्ष पहले भी स्वर्णिम था – और 2026 में भी स्वर्णिम है। यही इस नगर की अमरता है।

–नरेश दास वैष्णव निम्बार्क

9.12 अध्याय का सार

विषय	आधुनिक स्थिति
पुराना किला	नगर मध्य में अवशेष – दर्शनीय

खिजर खाँ का मकबरा	मुगलकालीन कलात्मक धरोहर
मस्जिद (1272)	भारत की सबसे पुरानी दरगाहों में
एटलस साइकिल (1951)	विश्वप्रसिद्ध – 12000 साइकिल/दिन
Ashoka University (2014)	अंतर्राष्ट्रीय उदार शिक्षा केंद्र
रेलवे स्टेशन	पूर्ण आधुनिकीकरण – नवीनीकृत
खुंबी उत्पादन	देश में सर्वाधिक
खेल अकेडमी	हॉकी व कुश्ती – राष्ट्रीय स्तर
जिला स्थापना	22 दिसंबर 1972

संदर्भ सूची – अध्याय 9

1. Wikipedia — सोनीपत (hi.wikipedia.org)

2. Topkro.com — Sonipat Haryana जिला इतिहास

3. Audlala.com — सोनीपत विस्तृत गाइड

4. HaryanaAspirant.com — District Sonipat

5. ETV Bharat — एटलस साइकिल इतिहास

6. Wikipedia — Ashoka University

7. DainikTribune — सोनीपत रेलवे विकास

8. लेखक का आँखों देखा अनुभव – नरेश दास वैष्णव निम्बार्क

जय श्रीकृष्ण | जय हिंद | भारत माता की जय

अध्याय — 10

सोनीपत का प्रशासनिक इतिहास

दिल्ली कमिश्नरी से जिले तक की यात्रा

अस्वीकरण:* इस अध्याय के तथ्य Rohtak.gov.in, Sonipat.gov.in, IJRSS शोध पत्र (अप्रैल 2023), Grokipedia और ब्रिटिश प्रशासनिक अभिलेखों पर आधारित हैं।

---### 10.1 – भूमिका

स्वर्णप्रस्थ की यह गाथा जब अपने दसवें अध्याय में पहुँचती है – तो एक ऐसे विषय पर आती है जो इस नगर के इतिहास का सबसे कम जाना-पहचाना पक्ष है।

महाभारत से लेकर मुगलकाल तक हमने स्वर्णप्रस्थ की गाथा पढ़ी। अब बारी है उस प्रशासनिक यात्रा की – जिसमें यह नगर कभी दिल्ली का अंग था, कभी रोहतक का – और अंततः 22 दिसंबर 1972 को अपना स्वतंत्र जिला बना।

लेखक की स्मृति: मैंने अपनी आँखों से देखा है कि सोनीपत जिला कैसे बना। वह दिन जब सोनीपत को जिले का दर्जा मिला – वह हम सबके लिए एक ऐतिहासिक क्षण था।

-### 10.2 – 1803 – ब्रिटिश शासन का आरंभ

सन् 1803 में द्वितीय एंग्लो-मराठा युद्ध के पश्चात् सोनीपत ब्रिटिश नियंत्रण में आया। यमुना के पश्चिमी क्षेत्र का यह भाग ब्रिटिश प्रशासन में सम्मिलित हो गया।

ब्रिटिश औपनिवेशिक काल में सोनीपत दिल्ली जिले की एक तहसील के रूप में कार्य करता था। इसका क्षेत्रफल लगभग 460 वर्ग मील था और 20वीं शताब्दी के प्रारंभ में यहाँ लगभग 1 लाख 70 हजार की जनसंख्या निवास करती थी।

10.3 – 1824 – रोहतक जिले में प्रथम प्रवेश

सन् 1824 में ब्रिटिश शासन ने रोहतक जिला एक स्वतंत्र प्रशासनिक इकाई के रूप में गठित किया। इस जिले में गोहाना,

खरखौदा-मंडोठी, रोहतक, बेरी और मेहम-भिवानी तहसीलें सम्मिलित थीं। सोनीपत इसी रोहतक जिले का एक अंग था।

10.4 – 1832 – दिल्ली कमिश्नरी में

सन् 1832 तक रोहतक सहित यह सम्पूर्ण क्षेत्र दिल्ली के रेजीडेंट के अधीन था। 1832 में जब इसे उत्तर भारत के अन्य क्षेत्रों की भाँति एक समान विनियमों के अंतर्गत लाया गया – तब रेजीडेंट कमिश्नर बन गया।

अर्थात् *सोनीपत दिल्ली कमिश्नरी का हिस्सा था।* यह आपकी वह महत्वपूर्ण बात है जो इतिहास में दर्ज है।

10.5 – 1841 – जिला समाप्त – फिर दिल्ली में

सन् 1841 में रोहतक जिला समाप्त कर दिया गया। गोहाना पानीपत को दे दिया गया और शेष तहसीलें दिल्ली को – अर्थात् सोनीपत एक बार फिर *सीधे दिल्ली* के अंतर्गत आ गया।

किंतु यह व्यवस्था केवल एक वर्ष चली –

10.6 – 1842 – रोहतक जिला पुनः स्थापित

सन् 1842 में रोहतक जिला पुनः बना दिया गया और सोनीपत भी रोहतक में वापस आ गया।

10.7 – 1857 – सोनीपत का स्वाधीनता संग्राम

सन् 1857 के महान विद्रोह में सोनीपत के लोगों ने भी ब्रिटिश औपनिवेशिक शासन के विरुद्ध संघर्ष किया। रिसालेदार बिरासत

अली और बाबर खान के नेतृत्व में रांघड़ वीरों ने इस क्षेत्र के बड़े भाग को ब्रिटिश नियंत्रण से मुक्त कर लिया।

ब्रिटिश अधिकारी लेफ्टिनेंट हडसन को विद्रोह दबाने के लिए भेजा गया। उसने कड़े संघर्ष के बाद सोनीपत पर पुनः नियंत्रण प्राप्त किया। उसका यह कथन – "The Ranghars of Sonipat were fought like Devils" (सोनीपत के रांघड़ शैतानों की तरह लड़े) – इन वीरों की शौर्यगाथा का अंग्रेजी में अकाट्य प्रमाण है।

10.8 – 1858 – पंजाब प्रांत में स्थानांतरण

सन् 1857 के पश्चात् 13 अप्रैल 1858 को भारत सरकार ने रोहतक और झज्जर जिलों को उत्तर-पश्चिमी प्रांतों से निकालकर पंजाब प्रांत में स्थानांतरित कर दिया।

10.9 – 1884 – दिल्ली डिवीजन में – सोनीपत फिर दिल्ली के साथ

सन् 1884 में हिसार डिवीजन समाप्त कर दी गई। रोहतक जिला *दिल्ली डिवीजन* में स्थानांतरित हुआ – अर्थात् सोनीपत एक बार फिर दिल्ली प्रशासनिक क्षेत्र का हिस्सा बन गया।

10.10 – 1912 से 1913 – दिल्ली से रोहतक में अंतिम स्थानांतरण

सन् 1912 में दिल्ली को पंजाब प्रांत से अलग किया गया। इस पृथक्करण के पश्चात् सोनीपत को *1 अक्टूबर 1913* से रोहतक जिले में स्थानांतरित कर दिया गया।

यह अंतिम और स्थायी स्थानांतरण था। इसके बाद सोनीपत 1972 तक रोहतक जिले की तहसील बना रहा।

10.11 – 1947 से 1966 – स्वतंत्र भारत में

सन् 1947 में भारत स्वतंत्र हुआ। रोहतक जिला हरियाणा-पंजाब के संयुक्त प्रशासन में रहा। सोनीपत रोहतक जिले की तहसील के रूप में निरंतर विकास करता रहा।

सन् 1966 में हरियाणा एक स्वतंत्र राज्य बना। रोहतक रोहतक मंडल का मुख्यालय बना। सोनीपत अब हरियाणा राज्य के रोहतक जिले की एक प्रमुख तहसील था।

10.12 – 22 दिसंबर 1972 – जिले का गठन

और फिर आया वह ऐतिहासिक दिन –

22 दिसंबर 1972 को हरियाणा सरकार ने रोहतक जिले की दो तहसीलें – *सोनीपत और गोहाना* – को अलग करके एक नया जिला बनाया। इसका नाम रखा गया – *जिला सोनीपत।*

बाद में दो और तहसीलें – *गन्नौर और खरखौदा* – भी इसमें जोड़ी गईं।

लेखक का साक्ष्य: यह वह काल था जब हम युवा थे। सोनीपत को जिला बनते हुए हमने अपनी आँखों से देखा। यह केवल एक प्रशासनिक निर्णय नहीं था – यह इस नगर के लिए एक नए युग का आरंभ था।

10.13 – आज का सोनीपत जिला

आज सोनीपत जिला हरियाणा के 22 जिलों में से एक है। यह रोहतक मंडल का जिला है।

जिले की संरचना:

- कुल क्षेत्रफल – 2,260 वर्ग किलोमीटर
- 4 उप-मंडल – सोनीपत, गोहाना, गन्नौर, खरखौदा
- 4 तहसीलें – सोनीपत, गोहाना, गन्नौर, खरखौदा
- 8 विकास खंड

- 343 ग्राम – 334 ग्राम पंचायतें
- 6 विधानसभा क्षेत्र

भौगोलिक सीमाएँ:

- उत्तर – पानीपत
- दक्षिण – दिल्ली
- पश्चिम – रोहतक व झज्जर
- पूर्व – यमुना नदी (उत्तर प्रदेश की सीमा)

10.14 – अध्याय का सार – पूर्ण कालक्रम

वर्ष	घटना
1803	ब्रिटिश नियंत्रण – दिल्ली रेजीडेंसी
1824	रोहतक जिला बना – सोनीपत तहसील
1832	दिल्ली कमिश्नरी में

| 1841 | रोहतक जिला समाप्त – सोनीपत दिल्ली में |

| 1842 | रोहतक जिला पुनः बना – सोनीपत रोहतक में |

| 1857 | सोनीपत का स्वाधीनता संग्राम |

| 1858 | पंजाब प्रांत में स्थानांतरण |

| 1884 | दिल्ली डिवीजन में – फिर दिल्ली साथ |

| 1 अक्टूबर 1913 | रोहतक जिले में स्थायी स्थानांतरण |

| 1947 | स्वतंत्र भारत में – रोहतक जिले की तहसील |

| 1966 | हरियाणा राज्य बना |

| 22 दिसंबर 1972 | *सोनीपत जिला गठन* |

संदर्भ सूची – अध्याय 10

1. Rohtak.gov.in — About District (इतिहास)

2. Sonipat.gov.in — British Time Tehsil

3. IJRSS शोध पत्र – Sonipat Through

the Ages (April 2023)

4. Grokipedia — Sonipat District

5. Topkro.com — Sonipat History

6. Districtsinindia.com —

Sonipat Haryana

7. लेखक का आँखों देखा अनुभव –

नरेश दास वैष्णव निम्बार्क

> "जो नगर महाभारत काल में स्वर्णप्रस्थ था, जो मुगलकाल में दिल्ली का द्वार था, जो ब्रिटिश काल में दिल्ली और रोहतक के बीच झूलता रहा – वही नगर 22 दिसंबर 1972 को अपनी स्वतंत्र पहचान लेकर सोनीपत जिला बना।"

> *— नरेश दास वैष्णव निम्बार्क

जय श्रीकृष्ण | जय हिंद | भारत माता की जय

अध्याय — 11

सोनीपत के दर्शनीय स्थल

पर्यटकों के लिए संपूर्ण मार्गदर्शिका

अस्वीकरण: इस अध्याय के तथ्य MakeMyTrip, TripXL, TripAdvisor, Filtershotcreations, Paramtrip, AmarUjala और लेखक के आँखों देखे अनुभवों पर आधारित हैं।

11.1 भूमिका

सोनीपत – जिसे महाभारत काल में स्वर्णप्रस्थ कहा जाता था – केवल एक औद्योगिक नगर नहीं है। यह 3526 वर्षों की सनातन विरासत का जीवंत नगर है जहाँ हर गली में इतिहास बोलता है और हर मंदिर में आस्था जीवित है।

यदि आप सोनीपत आएं तो केवल मुरथल के परांठे खाकर वापस न जाएं। यहाँ ऐसे अनेक स्थल हैं जो आपको महाभारत काल से लेकर मुगलकाल तक की यात्रा कराएंगे।

62 वर्षों से इस नगर को देखता आया हूँ। जो स्थान मैं आपको बताने जा रहा हूँ – वे सब मैंने अपनी आँखों से देखे हैं, अपने पैरों से नापे हैं।

11.2 महाभारतकालीन स्थल – पांडवों की छाया

1. काली माता मंदिर – 6000 वर्ष पुराना – महाभारत से जुड़ा

रामलीला मैदान के पास कामी रोड पर स्थित यह ऐतिहासिक काली माता का मंदिर 6000 वर्ष पुराना है। यह सोनीपत का सबसे प्राचीन मंदिर माना जाता है।

मान्यता है कि महाभारत की लड़ाई में जाने से पहले पांडव इस मंदिर में पूजा करके जाते थे। पांडवों ने मंदिर के पास ही एक कुएं का निर्माण करवाया था जो आज भी विद्यमान है।

स्थान: कामी रोड, रामलीला मैदान के पास, सोनीपत

प्राचीनता: 6000 वर्ष पुराना

विशेषता: पांडवों की पूजास्थली – पांडव कुआँ

दर्शन समय: प्रातः 5 बजे से रात्रि 10 बजे तक

2. स्वर्णप्रस्थ संग्रहालय – महाभारतकालीन अवशेष

सोनीपत के मुख्य शहर में स्थित यह संग्रहालय इतिहास प्रेमियों के लिए किसी खजाने से कम नहीं। यहाँ महाभारत काल से

संबंधित अनेक जानकारियाँ और 1871 की खुदाई में मिले अवशेष सुरक्षित हैं।

स्थान: सोनीपत नगर, मुख्य क्षेत्र

विशेषता: 1871 की खुदाई – हर्षवर्धन की मोहर – PGW अवशेष

3. ऐतिहासिक टीला – 3526 वर्ष पुरानी धरती

सोनीपत नगर एक ऊँचे ऐतिहासिक टीले पर बसा है। इस टीले पर खड़े होकर पूरे नगर का विहंगम दृश्य दिखता है। यहाँ की सबसे पुरानी मिट्टी के बर्तन Painted Grey Ware के हैं जो महाभारत काल की ओर इशारा करते हैं।

स्थान: सोनीपत नगर का मध्य क्षेत्र

विशेषता: Painted Grey Ware — 1871 ASI खुदाई

11.3 सोनीपत के प्रमुख मंदिर

4. श्री खाटू श्याम मंदिर धाम – रोहतक रोड – हजारों भक्त प्रतिदिन

रोहतक रोड पर स्थित यह भव्य खाटू श्याम मंदिर सोनीपत का सबसे लोकप्रिय मंदिर है। प्रतिदिन हजारों भक्त यहाँ दर्शन के लिए आते हैं। श्री खाटू श्याम मंदिर ट्रस्ट और श्री खाटू श्याम चुलकाना धाम सेवा मंडल द्वारा यह संचालित है।

स्वर्णप्रस्थ की गाथा : 3526 वर्षों का अनसुना इतिहास

राजस्थान के विश्वप्रसिद्ध खाटू श्याम मंदिर की तर्ज पर इस मंदिर का निर्माण हुआ है। 51 फुट का भव्य गुंबद – यमुना की रेत से नक्काशी – यह मंदिर सोनीपत की आस्था का सबसे बड़ा केंद्र है।

स्थान: रोहतक रोड, मंडी के पास, सोनीपत

गुंबद: 51 फुट – यमुना रेत से नक्काशी

आयोजन: दिव्य कथा महोत्सव – श्याम वंदना

विशेषता: चुलकाना धाम से जुड़ा – बर्बरीक परंपरा

5. माता मंदिर – 5000 वर्ष पुराना – कामर रोड

कामर रोड पर स्थित यह प्राचीन माता मंदिर 5000 वर्ष से अधिक पुराना माना जाता है। यह मंदिर सोनीपत के श्रद्धालुओं की अटूट आस्था का केंद्र है। नवरात्रि में यहाँ विशाल भीड़ उमड़ती है।

स्थान: कामर रोड, सोनीपत

प्राचीनता: 5000 वर्ष से अधिक

विशेष अवसर: नवरात्रि – विशाल मेला

6. शम्भू नाथ मंदिर – नाहरी गाँव – प्राचीन आश्रम

सोनीपत जिले के नाहरी गाँव में स्थित शम्भू नाथ मंदिर भगवान शिव को समर्पित एक अत्यंत पूजनीय धार्मिक स्थल है। इस स्थान का इतिहास हजारों वर्ष पुराना है जब बाबा पुरनमल यहाँ तपस्या के लिए आए थे। बाबा कुड़े नाथ और मान दाता नाथ जैसे महान संतों ने यहाँ साधना की थी। आज भी यहाँ गूलर, पीपल, बरगद और जंटी के प्राचीन वृक्ष खड़े हैं।

स्थान: नाहरी गाँव, सोनीपत जिला

विशेषता: प्राचीन वृक्ष – संतों की तपोभूमि

7. गीता भवन मंदिर – शांत आध्यात्मिक वातावरण

गीता भवन मंदिर परिवारों के लिए एक शांत और आध्यात्मिक वातावरण प्रदान करता है। यहाँ गीता के उपदेशों का नियमित पाठ होता है।

8. एटलस श्री राम मंदिर – सोनीपत का सबसे प्राचीन मंदिर

यह सोनीपत का सबसे प्राचीन राम मंदिर है। नगर के मध्य में स्थित यह मंदिर सोनीपत की धार्मिक विरासत का एक अभिन्न अंग है।

11.4 सोनीपत जिले के पवित्र तीर्थ

9. सतकुंभा धाम – 5000 वर्ष पुराना – 68वाँ तीर्थ

सोनीपत से 12 किमी दूर खेड़ी गुर्जर (मियाना) गाँव के पास स्थित यह धाम 5000 वर्षों से अधिक पुराना है। यहाँ का पवित्र कुंड 5000 वर्षों से कभी नहीं सूखा। 67 तीर्थों का जल मिलाकर बना 68वाँ तीर्थ। राजा चकवा बेन और चुनकट ऋषि की तपोभूमि।

स्थान: खेड़ी गुर्जर, सोनीपत से 12 किमी

विशेषता: 5000 वर्ष – कुंड कभी नहीं सूखा

मेले: कार्तिक पूर्णिमा और सावन के आखिरी रविवार

10. चुलकाना धाम – बर्बरीक शीश दान स्थल

सतकुंभा से 5 किमी दूर स्थित चुलकाना धाम – जहाँ बर्बरीक ने श्रीकृष्ण को शीश का दान दिया था। यहाँ का प्राचीन पीपल वृक्ष अद्भुत है जिसके पत्तों में तीर के सुराख आज भी दिखते हैं। लकी सर बाबा का भव्य मंदिर। रविवार को भंडारा – 5 वर्ष की प्रतीक्षा सूची।

स्थान: चुलकाना गाँव, समालखा से 5 किमी

विशेषता: कलयुग का सर्वोत्तम तीर्थ – खाटू श्याम

11. तिरखू तीर्थ – महाभारत काल से – यक्ष-युधिष्ठिर संवाद

सोनीपत से 35 किमी दूर स्थित यह तीर्थ महाभारत काल से है – ब्रिटिश सरकार के दस्तावेज H.A. Rose Glossary से प्रमाणित। यहाँ वैष्णव बैरागी का 500 वर्ष पुराना अस्थल है। मंदिर के अंदर पांडव बेहोश पड़े दिखाए गए हैं। सुंदर तालाब।

स्थान: पानीपत के निकट – सोनीपत से 35 किमी

विशेषता: यक्ष-युधिष्ठिर संवाद – वैष्णव बैरागी अस्थल

11.5 ऐतिहासिक स्मारक – मुगलकालीन धरोहर

12. खिजर खाँ का मकबरा – 1522 ईसवी – जटवाड़ा मोहल्ला

1522-1525 ईसवी में निर्मित यह मकबरा बलुआ पत्थर की कलात्मक शिल्पकारी का उत्कृष्ट नमूना है। चारों ओर खिजर पार्क है। इब्राहिम लोदी के शासनकाल में निर्मित यह स्मारक पर्यटकों में अत्यंत लोकप्रिय है।

स्थान: जटवाड़ा मोहल्ला, सोनीपत

निर्माण: 1522-1525 ईसवी

13. अब्दुल्लाह नसीरुद्दीन मस्जिद – 1272 ईसवी – भारत की प्राचीनतम

गुलाम वंश के गियासुद्दीन बलबन के शासनकाल में 1272 ईसवी में निर्मित यह मस्जिद भारत की सबसे पुरानी मस्जिदों में से एक है।

स्थान: सोनीपत नगर के बाहरी क्षेत्र में

निर्माण: 1272 ईसवी – गुलाम वंश

14. मामा भांजा दरगाह – हिन्दू-मुस्लिम एकता का प्रतीक

सोनीपत के अशोक नगर में स्थित यह दरगाह हिन्दू-मुस्लिम एकता का प्रतीक है। गढ़ी ब्राह्मण पुजारी आज भी दरगाह पर सम्मान की चादर चढ़ाने की पहली क्रिया करता है। सर्वोत्तम दर्शन समय अक्टूबर से मार्च।

स्थान: अशोक नगर, सोनीपत

विशेषता: हिन्दू राजा द्वारा स्थापित – धर्म समन्वय

15. अबू हसन का मकबरा – 14वीं शताब्दी – स्थापत्य कला

14वीं शताब्दी में निर्मित यह मकबरा अपने भव्य गुंबद और सुंदर नक्काशी के लिए जाना जाता है। यह क्षेत्र की महान ऐतिहासिक और सांस्कृतिक विरासत का प्रमाण है।

11.6 रामलीला मैदान – सांस्कृतिक विरासत

16. रामलीला मैदान – वर्षों पुरानी सांस्कृतिक परंपरा

सोनीपत का रामलीला मैदान इस नगर की सांस्कृतिक विरासत का जीवंत केंद्र है। यहाँ प्रतिवर्ष दशहरे पर भव्य रामलीला का आयोजन होता है जिसमें हजारों दर्शक भाग लेते हैं।

रामलीला मैदान के पास ही काली माता मंदिर और पांडव कुआँ स्थित है – यह पूरा क्षेत्र सोनीपत के धार्मिक और सांस्कृतिक जीवन का केंद्र है।

स्थान: सोनीपत नगर के मध्य में

विशेषता: वार्षिक रामलीला – काली माता मंदिर निकट

11.7 मनोरंजन और परिवार के लिए

17. जुरासिक पार्क वाटर पार्क – GT Road – मुरथल के पास

जुरासिक पार्क अपने अनूठे थीम और अनेक आकर्षणों के कारण पर्यटकों में अत्यंत लोकप्रिय है।

स्थान: GT Road, मुरथल के पास

मूल्य: ₹800 से ₹1500 प्रति व्यक्ति

18. छोखी ढाणी – राजस्थानी संस्कृति का अनुभव

स्वर्णप्रस्थ की गाथा : 3526 वर्षों का अनसुना इतिहास

छोखी ढाणी में राजस्थान के राजसी जीवन का अनुभव मिलता है। परिवार के साथ एक यादगार शाम बिताने के लिए आदर्श स्थान।

19. OP Jindal University संग्रहालय – संविधान पर आधारित कला

OP Jindal Global University परिसर में स्थित यह संग्रहालय अत्यंत सुंदर ढंग से निर्मित है और बाहरी पर्यटकों के लिए भी खुला है। भारतीय संविधान की मूल भावनाओं से प्रेरित कलाकृतियाँ यहाँ देखी जा सकती हैं।

11.8 मुरथल – परांठों की विश्वप्रसिद्ध नगरी

20. मुरथल के परांठे – दिल्ली से 48 किमी – विश्वप्रसिद्ध

मुरथल राजमार्ग के ढाबों के स्वादिष्ट परांठे अपनी अलग पहचान रखते हैं। दिल्ली से पंजाब जाते समय यह ढाबे अनिवार्य पड़ाव बन जाते हैं। अचार और दही के साथ ये परांठे अद्वितीय स्वाद देते हैं।

प्रमुख ढाबे: हवेली और अमरीक सुखदेव

दूरी: दिल्ली से 48 किमी

विशेष व्यंजन: परांठे, गुलाब जामुन, गाजर का हलवा, खीर

11.9 शहीद स्मारक संग्रहालय

21. शहीद स्मारक संग्रहालय – 1857 के वीरों की स्मृति

सोनीपत का यह विशाल शहीद स्मारक संग्रहालय 1857 के महान विद्रोह और सोनीपत के स्वाधीनता सेनानियों को समर्पित है। यहाँ उन रांघड़ वीरों की गाथाएँ अंकित हैं जिन्होंने ब्रिटिश शासन के विरुद्ध शस्त्र उठाए थे।

एक सेवानिवृत्त सैनिक के रूप में इस संग्रहालय का दर्शन मेरे लिए विशेष महत्व रखता है। यहाँ आकर देश के लिए बलिदान देने वाले वीरों की स्मृति में नमन करना एक पवित्र अनुभव है।

विशेषता: 1857 का इतिहास – स्वतंत्रता सेनानी

महत्व: सैनिक और देशभक्तों के लिए विशेष

11.10 लेखक का विशेष सुझाव

यदि आप सोनीपत आएं तो मेरा सुझाव है –

सुबह सबसे पहले काली माता मंदिर जाएं – वह 6000 वर्ष पुरानी धरती है जहाँ पांडव खड़े थे। फिर पांडव कुआँ देखें। स्वर्णप्रस्थ संग्रहालय में जाएं और ऐतिहासिक टीले पर चढ़ें। शाम

को खाटू श्याम मंदिर में दर्शन करें। और जाते समय मुरथल में परांठे जरूर खाएं।

यह यात्रा आपको 3526 वर्षों के इतिहास में ले जाएगी।

– नरेश दास वैष्णव निम्बार्क

सोनीपत केवल मुरथल के परांठों से नहीं पहचाना जाता –

यह 3526 वर्षों की सनातन गाथा का जीवंत नगर है।

11.11 दर्शनीय स्थलों का सारांश

स्थान	विशेषता	दूरी
काली माता मंदिर	6000 वर्ष – पांडव	नगर में
स्वर्णप्रस्थ संग्रहालय	महाभारतकालीन	नगर में
खाटू श्याम मंदिर	रोहतक रोड – भव्य	नगर में

माता मंदिर 5000 वर्ष पुराना
कामर रोड

रामलीला मैदान सांस्कृतिक केंद्र नगर
में

खिजर खाँ मकबरा 1522 ईसवी
नगर में

मामा भांजा दरगाह हिन्दू-मुस्लिम एकता
अशोक नगर

सतकुंभा धाम 5000 वर्ष – तीर्थ 12
किमी

चुलकाना धाम बर्बरीक – खाटू श्याम 17
किमी

तिरखू तीर्थ महाभारत काल
35 किमी

मुरथल परांठे विश्वप्रसिद्ध 22
किमी

शहीद स्मारक 1857 के वीर
नगर में

संदर्भ सूची – अध्याय 11

1. MakeMyTrip — Places to Visit in Sonipat
2. TripXL — Top 13 Places Sonipat (2025)
3. TripAdvisor — Attractions Sonipat
4. Filtershotcreations — Best Places Sonipat
5. AmarUjala — खाटू श्याम मंदिर सोनीपत
6. LGS Travellers — Best Places Sonipat
7. Paramtrip — Tourist Places Sonipat
8. लेखक का आँखों देखा अनुभव – नरेश दास वैष्णव निम्बार्क

जय श्रीकृष्ण | जय हिंद | भारत माता की जय

अध्याय — 12

17 जून 2026 — सोनीपत यात्रा (द्वितीय चरण)

लेखक का आँखों देखा ऐतिहासिक विवरण – पुस्तक लॉन्च से एक दिन पहले

12.1 यात्रा की भूमिका

18 जून 2026 को मेरी 14वीं पुस्तक 'स्वर्णप्रस्थ की गाथा' का प्रकाशन होना था। उससे एक दिन पहले – 17 जून 2026 को – मैंने और मास्टर जगबीर वैष्णव जी ने सोनीपत की उन गलियों में और भी गहरे उतरने का निश्चय किया। बाइक और स्कूटी पर निकले – क्योंकि पुरानी सोनीपत की संकरी गलियों में गाड़ी नहीं जा सकती।

सोनीपत का कोट मौहल्ला – हलवाई हट्टा – कामी रोड – ये नाम केवल पते नहीं हैं। ये सनातन परंपरा के जीवंत अध्याय हैं। आज हम उन्हीं अध्यायों को पढ़ने निकले थे।

–नरेश दास वैष्णव निम्बार्क

● स्थान 1 श्री राम मंदिर – सोनीपत

–जय सिया राम –

कोट मौहल्ले की गलियों में एक भव्य लाल भवन दिखा – शीर्ष पर लिखा था 'श्री राम मंदिर'। दोनों ओर स्वस्तिक – मध्य में विशाल ॐ – शिखर पर त्रिशूल – केसरिया ध्वजाएं।

प्रवेश द्वार पर सुनहरे अक्षरों में अंकित था – 'जय सिया राम'।

अंदर राधा-कृष्ण एवं सीता-राम की भव्य प्रतिमाएं। मंदिर की दीवारों पर धार्मिक चित्रकारी। यह मंदिर सोनीपत की वैष्णव परंपरा का जीवंत प्रमाण है।

मंदिर के बाहर एक बैनर लगा था – विशाल भव्य संकीर्तन का आयोजन – 'जुगल हंस एण्ड पार्टी' द्वारा। इस नगर में भक्ति की परंपरा आज भी अखंड है।

माथा टेका – 'जय सिया राम' कहा – और आगे बढ़े।

–नरेश दास वैष्णव निम्बार्क

● स्थान 2 ठाकुरद्वारा पंचायती मंदिर – कोट मौहल्ला

–13 फीट स्वर्णध्वज – 3 किलो सोना –

बड़े हलवाई हट्टे के पास संकरी गली में एक प्रवेश द्वार दिखा। काले पत्थर पर उत्कीर्ण था – 'ठाकुरद्वारा पंचायती मंदिर'। ऊपर ॐ का प्रतीक – केसरिया ध्वजाएं लहरा रही थीं।

सीढ़ियाँ चढ़कर ऊपर पहुँचे। पंडित जी विराजमान थे। उन्होंने सहर्ष स्वागत किया और मंदिर का गौरवशाली इतिहास सुनाया।

अंदर का दृश्य अविस्मरणीय था।

श्री राधा-कृष्ण की युगल जोड़ी – गुलाबी वस्त्र – गेंदे के फूलों की माला – नक्काशीदार संगमरमर का सिंहासन। सिंहासन के नीचे हाथियों की मूर्तियाँ – दीवारों पर संतों के चित्र।

फर्श पर संगमरमर में उत्कीर्ण था –

'श्री लाला बामन रामचन्द्र सनपत जी – अम्बाला – फर्श लगाया'

यह किसी श्रद्धालु का समर्पण था – जिसने इस मंदिर की सेवा में अपना नाम पत्थर में अमर किया।

पंडित जी ने एक विशेष तथ्य बताया –

इस मंदिर में 13 फीट ऊँचा स्वर्णध्वज है – जिसमें 3 किलो शुद्ध सोना लगा हुआ है। यह इस ठाकुरद्वारे की समृद्ध वैष्णव परंपरा का अमर प्रमाण है।

मास्टर जगबीर जी और मैंने – दोनों ने काफी देर तक पंडित जी से वार्तालाप किया। शगुन मेल किया – माथा टेका।

मन में एक विचार आया –

'पहले ये सब ठाकुरद्वारे वैष्णव बैरागियों के पास थे। आज दूसरों का अधिकार है। पर श्रीकृष्ण की सेवा तो हो रही है – यही पर्याप्त है।'

–नरेश दास वैष्णव निम्बार्क

स्थान 3 माता रानी मंदिर (दुर्गा मंदिर) – कामी रोड

–वैष्णो देवी की भांति गुफा –

कामी रोड पर एक भव्य दृश्य ने मन मोह लिया।

विशाल प्रवेश द्वार के दोनों ओर सिंह की प्रतिमाएं – और उनके मध्य माता दुर्गा – सिंह पर आसीन – त्रिशूल धारण किए – लाल वस्त्र – बहुभुजी – मुखमंडल पर दिव्य तेज।

पृष्ठभूमि में भगवान शिव की विशाल प्रतिमा – त्रिशूल सहित – नीले रंग का प्रवेश द्वार – केसरिया ध्वजाएं।

यह मंदिर अत्यंत प्राचीन है।

और इस मंदिर की सबसे बड़ी विशेषता –

अंदर एक गुफा है – ठीक माता वैष्णो देवी की भांति।

जो श्रद्धालु वैष्णो देवी नहीं जा सकते – वे यहाँ आकर उसी अनुभव को पाते हैं। सोनीपत की इस पावन धरती पर माता की यह गुफा – सनातन आस्था का अटूट प्रमाण है।

माता के चरणों में माथा टेका – आशीर्वाद लिया।

–नरेश दास वैष्णव निम्बार्क

12.2 आज की यात्रा का सार

स्थान

विशेषता

विशेष तथ्य

श्री राम मंदिर

जय सिया राम – लाल भवन

संकीर्तन परंपरा जीवंत

ठाकुरद्वारा पंचायती मंदिर

राधा-कृष्ण युगल जोड़ी

स्वर्णप्रस्थ की गाथा : 3526 वर्षों का अनसुना इतिहास

13 फीट स्वर्णध्वज – 3 किलो सोना

माता रानी मंदिर

सिंहवाहिनी दुर्गा

वैष्णो देवी सदृश गुफा

12.3 यात्रा की भावना

कोट मौहल्ले की संकरी गलियों में आज जो देखा – वह केवल मंदिर नहीं थे। वे सनातन परंपरा के जीवंत दुर्ग थे।

एक ओर श्री राम मंदिर में 'जय सिया राम' की गूँज – दूसरी ओर ठाकुरद्वारे में राधा-कृष्ण की युगल जोड़ी – और कामी रोड पर माता की वैष्णो देवी सदृश गुफा।

3 किलो सोने का स्वर्णध्वज – जो 13 फीट ऊँचा लहरा रहा है – यह सोनीपत के वैष्णव समाज की अटूट श्रद्धा का प्रतीक है।

पुस्तक लॉन्च से एक दिन पहले – इस नगर की आत्मा को इतने निकट से छूने का अवसर मिला – यह परमात्मा की असीम कृपा है।

जो नगर पांडवों की धरोहर है –

स्वर्णप्रस्थ की गाथा : 3526 वर्षों का अनसुना इतिहास

जो नगर बंदा बैरागी की वीरगाथा का साक्षी है –

उस नगर के ठाकुरद्वारों में आज भी श्रीकृष्ण विराजते हैं।

यही स्वर्णप्रस्थ की असली पहचान है।

–नरेश दास वैष्णव निम्बार्क

स्रोत एवं प्रमाण

लेखक का आँखों देखा अनुभव – 17 जून 2026

ठाकुरद्वारा पंचायती मंदिर – पंडित जी से प्राप्त जानकारी – कोट मौहल्ला सोनीपत

श्री राम मंदिर – बोर्ड एवं बैनर – सोनीपत

माता रानी मंदिर – कामी रोड सोनीपत – फोटो सहित

ध्याय — 13

17 जून 2026 — सोनीपत यात्रा

लेखक का आँखों देखा ऐतिहासिक विवरण – पुस्तक लॉन्च से एक दिन पहले

13.1 यात्रा की भूमिका

18 जून 2026 को मेरी 14वीं पुस्तक 'स्वर्णप्रस्थ की गाथा' का प्रकाशन होना था। उससे एक दिन पहले – 17 जून 2026 को – मैंने और मास्टर जगबीर वैष्णव जी ने सोनीपत के उन ऐतिहासिक स्थलों की यात्रा की जिनका वर्णन इस पुस्तक में है। बाइक और स्कूटी पर निकले – क्योंकि पुरानी सोनीपत की संकरी गलियों में गाड़ी नहीं जा सकती।

–नरेश दास वैष्णव निम्बार्क

सोनीपत की पुरानी गलियाँ आज भी वैसी ही हैं – संकरी, घुमावदार। लेकिन उन गलियों की दीवारें इतिहास की साक्षी हैं। उसी इतिहास को छूने के लिए हम निकले थे।

📍 स्थान 1 स्वर्णप्रस्थ संग्रहालय – मुगल फौजदार की हवेली – कोट द्वारा

–वही फौजदार की हवेली जो बंदा बैरागी ने लूटी थी –

सोनीपत के ऊँचे ऐतिहासिक टीले पर कोट द्वारा के पास स्थित यह संग्रहालय निर्माणाधीन था – गेट बंद था। गार्ड ने रोका। मैंने कहा – 'भाई, यह पुस्तक का काम है, कल 18 तारीख को पुस्तक लॉन्च होगी।' गार्ड ने गेट खोल दिया।

स्वर्णप्रस्थ की गाथा : 3526 वर्षों का अनसुना इतिहास

अंदर जाते ही मालूम चला – यही वह स्थान है जिसे महाभारत काल में स्वर्णप्रस्थ कहा जाता था। यहीं पांडव सोना रखते थे – इसीलिए नाम पड़ा 'स्वर्णप्रस्थ।' मुगलकाल में दिल्ली की Treasury भी यहीं से चलती थी।

और 3 नवंबर 1709 को – बंदा बैरागी ने इसी हवेली पर आक्रमण किया। मुगलों का 'अजेय' होने का भ्रम यहीं टूटा था। इतनी सुरक्षा के बावजूद कोई सोच नहीं सकता था कि कोई यहाँ आ सकता है।

मैंने उस पवित्र भूमि को अपने माथे से लगाया। 3526 वर्ष पुराना इतिहास लिखने का शुक्र किया।

संग्रहालय में क्या देखा

- रथ का पहिया – महाभारतकालीन
- भाप से चलने वाला पुराना रोलर – ब्रिटिशकाल
- महाभारत चित्र – श्रीकृष्ण का दरबार दृश्य
- लकड़ी का पुराना संदूक – मुगलकालीन
- पुराना कुआँ – कुएँ का पुराना यंत्र
- दीवार पर महात्मा गांधी की शिलाकृति
- यमुना नदी का पुराना चित्र
- देवी की चित्रकारी

◆ आर्यकालीन वस्तुएं – बंद कमरे में

बाहर की दीवार पर सुनहरे अक्षरों में लिखा था –

'स्वर्णप्रस्थ संग्रहालय सोनीपत'

भारत सरकार ने भी इस नगर का मूल नाम स्वीकार किया – यह इस पुस्तक का सबसे बड़ा प्रमाण है।

● स्थान 2 पिपलेश्वर महादेव मंदिर – कोट मौहल्ला – प्राचीन पीपल वृक्ष

संग्रहालय से निकलकर हम कोट मौहल्ले में पहुँचे। यहाँ 'मन्दिर श्री पिपलेश्वर महादेव जी – कोट मौहल्ला सोनीपत' का बोर्ड दिखा। मंदिर के अंदर एक अत्यंत प्राचीन पीपल का वृक्ष है – सैकड़ों वर्ष पुराना – जिसका विशाल तना मंदिर को छूता है।

कोट मौहल्ला – अर्थात् किले का मुहल्ला। यही वह क्षेत्र है जहाँ से सोनीपत का प्रशासन चलता था। पहले यहाँ तहसील थी, थाना था, और सब कुछ यहीं था।

● स्थान 3 युद्ध स्मारक सोनीपत – 19 नवम्बर 2008 – शहीदों की अमर गाथा

गोहाना रोड पर जिला न्यायालय परिसर के पास यह भव्य युद्ध स्मारक है।

शिलापट्ट पर लिखा था –

'युद्ध स्मारक सोनीपत का उद्घाटन

चौ. भूपेन्द्र सिंह हुड्डा (मुख्यमंत्री हरियाणा)

के कर कमलों द्वारा

दिनांक 19 नवम्बर 2008 को सम्पन्न हुआ।

के.एस. बुधवार – जिलाधीश (सोनीपत)

अजीत बालाजी जोशी – उपायुक्त एवं अध्यक्ष, जिला सैनिक बोर्ड'

एक सेवानिवृत्त सैनिक के रूप में जब मैं इस युद्ध स्मारक के सामने खड़ा हुआ – तो मन में उन वीरों के प्रति श्रद्धा उमड़ी जिन्होंने इसी सोनीपत की धरती से निकलकर देश की रक्षा की। संगमरमर पर अंकित शहीदों के नाम – यह सोनीपत के गौरव का प्रमाण हैं।

–नरेश दास वैष्णव निम्बार्क

- स्थान 4 प्राचीन हनुमान मंदिर – कचहरी परिसर – गोहाना रोड

युद्ध स्मारक के ठीक सामने – गोहाना रोड पर – प्राचीन हनुमान मंदिर है। बोर्ड पर लिखा था – 'प्राचीन हनुमान मन्दिर – कचहरी परिसर, सोनीपत।' भव्य लाल रंग का मंदिर – केसरिया ध्वजाएं – हनुमान जी की विशाल प्रतिमा।

युद्ध स्मारक और यह प्राचीन मंदिर आमने-सामने हैं। एक ओर देश के वीर शहीद – दूसरी ओर संकटमोचन हनुमान। यह संयोग नहीं – यह सोनीपत की आत्मा है।

● स्थान 5 दरगाह मामा-भान्जा – 759 ईसवी – हिन्दू-मुस्लिम एकता का प्रतीक

– वैष्णव तिलक लगाकर मस्जिद में गए –

मामा-भान्जा चौक पर पहुँचे। बाहर से मीनार नजर नहीं आ रही थी। एक सज्जन ने संकरी गली दिखाई – अंदर जाने पर दरगाह मिली। माथे पर वैष्णव तिलक था – फिर भी आगे बढ़ा क्योंकि इतिहास के लिए नफरत की दीवारें तोड़नी थीं।

दरगाह की दीवार पर बोर्ड से पूरा इतिहास मिला –

हजरत इमाम सैयद उबैदुल्लाह नासरूद्दीन मशहदी मदनी

जन्म: 759 ई. – मदीना में

मृत्यु: 789 ई. – सोनीपत में

यात्रा के दौरान सोनीपत पहुँचे।

उस समय सोनीपत का हुकुमार 'अर्जुन देव' था –

जो दिल्ली के राजा का दामाद था – हिन्दू शासक!

अरबी घोड़ों के लेन-देन पर विवाद हुआ।

अर्जुन देव ने युद्ध किया – और मारा गया।

शिवचन्द वज़ीर (गद्दीनशीन कंवर खानदान गढ़ी ब्राह्मणों)

ने दोनों कब्रें बनवाईं।

कब्र बनाते समय शिवचन्द की आँखों की रोशनी आई।

सालाना उर्स पर पहली चादर आज भी

हिन्दू कंवर खानदान द्वारा चढ़ाई जाती है।

8-10 मुसलमानों से बात की – किसी ने कुछ नहीं बताया। पर बोर्ड पर सब लिखा था।

जामा मस्जिद मामा-भान्जा –

स्वर्णप्रस्थ की गाथा : 3526 वर्षों का अनसुना इतिहास

Since: 1272 ईसवी

Renovated: 2012

1198वाँ सालाना उर्स – 27-28 जून 2026

759 ईसवी में सोनीपत का शासक 'अर्जुन देव' नामक हिन्दू राजा था – यह तथ्य इस दरगाह की दीवार से प्रमाणित हुआ।

स्थान 6 ख्वाजा खिज़्र का मकबरा – 1522 ईसवी – ASI संरक्षित

यह मकबरा पहले भी देखा था – पर ध्यान नहीं दिया था। आज पहली बार अंदर गया।

ASI बोर्ड:

Tomb of Khwaja Khizr, Sonipat

ख्वाजा खिज़्र का मकबरा

ASI शिलापट्ट:

निर्माण: 1522-1524 ईसवी

इब्राहिम लोदी के शासनकाल में

ASI नंबर: 431

स्वर्णप्रस्थ की गाथा : 3526 वर्षों का अनसुना इतिहास

संरक्षित: 28.06.1916

विशाल गुंबद – लाल बलुआ पत्थर – अरबी शिलालेख – अंदर दो कब्रें – बिल्कुल सुनसान। पशु घूम रहे थे। कोई देखरेख नहीं। यह ASI की उपेक्षा का दुखद उदाहरण है।

मैं कट्टर हिन्दू हूँ – मस्जिद और दरगाह मुझे पसंद नहीं। पर आज इतिहास लिखने के लिए नफरत की दीवारें गिराकर अंदर गया। यही असली इतिहासकार की पहचान है।

–नरेश दास वैष्णव निम्बार्क

📍 स्थान 7 काली माता मंदिर – 6000 वर्ष पुराना – पांडवों की पूजास्थली

–वह कुआँ जिसमें बुढ़ापे में झाँका –

बचपन में यहाँ आता था – रामलीला देखने। रामलीला मैदान के पास यह प्राचीन मंदिर है। उस समय क्या मालूम था कि एक दिन यहाँ का इतिहास लिखना पड़ेगा।

बोर्ड:

श्री चण्डी माँ महाकाली प्राचीन मन्दिर

सिद्ध पीठ समिति (पंजी.)

कामी रोड, सोनीपत

स्वर्णप्रस्थ की गाथा : 3526 वर्षों का अनसुना इतिहास

अंदर – माँ काली की अत्यंत भव्य मूर्ति – श्यामवर्ण – खड्ग हाथ में – नारंगी फूलों की माला। माँ लक्ष्मी और देवी की तीन मूर्तियाँ भी थीं। प्राचीन पाषाण मूर्तियाँ भी थीं जो कई भुजाओं वाली देवी की थीं – हजारों वर्ष पुरानी।

पांडवकालीन कुआँ – अद्भुत साक्ष्य

मंदिर के पास वह पांडवकालीन कुआँ था जो आज भी विद्यमान है। अत्यंत गहरा – गोलाकार ईंटों की दीवार – पीपल की डालियाँ – केसरिया वस्त्र।

मैंने उस कुएं में झाँका – बुढ़ापे में। मन में विचार आया – 'शहीद हो जाएंगे तो सोचेंगे कि किताब लिखते हुए हो गए।' पर परमात्मा की दया रही।

उस पवित्र कुएं की मिट्टी को माथे पर लगाया – जहाँ पांडव आए थे। 5000 वर्ष पुरानी उस धरती का स्पर्श – यह क्षण अविस्मरणीय था।

–नरेश दास वैष्णव निम्बार्क

मंदिर के पास रामलीला मैदान – श्री रामलीला सभा (पंजी.) – कामी रोड, सोनीपत।

बचपन की स्मृतियों का यह स्थान आज इतिहास का साक्षी बना।

13.2 आज की यात्रा का सार

स्थान विशेषता
काल

स्वर्णप्रस्थ संग्रहालय फौजदार हवेली – बंदा बैरागी 1709
महाभारत काल से

पिपलेश्वर महादेव मंदिर कोट मौहल्ला – प्राचीन पीपल
सैकड़ों वर्ष

युद्ध स्मारक 19 नवम्बर 2008 – शहीदों के
नाम 2008 ई.

प्राचीन हनुमान मंदिर कचहरी परिसर – गोहाना रोड
प्राचीन

मामा-भान्जा दरगाह हिन्दू शासक 'अर्जुन देव' – 1198
वर्ष 759 ई.

जामा मस्जिद मामा-भान्जा – Since 1272
1272 ई.

ख्वाजा खिज़्र मकबरा ASI संरक्षित – लोदी काल
1522 ई.

स्वर्णप्रस्थ की गाथा : 3526 वर्षों का अनसुना इतिहास

काली माता मंदिर पांडवों की पूजास्थली – 6000 वर्ष पांडव काल

पांडवकालीन कुआँ आज भी विद्यमान – माथे से स्पर्श 5000 वर्ष

13.3 यात्रा की भावना

इस यात्रा में एक बात स्पष्ट हुई – सोनीपत केवल एक नगर नहीं है। यह 3526 वर्षों की सनातन गाथा का जीवंत संग्रहालय है। यहाँ महाभारत के कुएं भी हैं और 759 ईसवी की दरगाह भी – 1272 की मस्जिद भी है और 6000 वर्ष पुराना काली मंदिर भी।

और इस सब में एक धागा है जो सबको जोड़ता है – वह है इस नगर की सनातन आत्मा। चाहे मुगल आए, चाहे अंग्रेज – इस नगर ने अपनी पहचान नहीं खोई।

जो नगर पांडवों ने माँगा था –

जो नगर बंदा बैरागी ने आज़ाद किया था –

जो नगर 3526 वर्षों से अपनी गाथा सुना रहा है –

वह नगर आज भी जीवित है – स्वर्णप्रस्थ।

–नरेश दास वैष्णव निम्बार्क

13.4 वैष्णव बैरागी स्वतंत्रता सेनानी – श्रद्धांजलि

युद्ध स्मारक पर खड़े होकर मेरे मन में सोनीपत जिले के उन तीन वैष्णव बैरागी स्वतंत्रता सेनानियों की स्मृति आई जिनके दस्तावेज मेरे पास हैं:

IN हनुमंत बैरागी – आजाद हिंद फौज – गाँव बागरू, जिला सोनीपत

IN रवि रतन उर्फ धनपत बैरागी – स्वतंत्रता सेनानी – गाँव छतेरा, जिला सोनीपत

IN देशराज बैरागी – स्वतंत्रता सेनानी – गाँव मुडलाना, जिला सोनीपत

(नोट: तीनों के सरकारी दस्तावेज लेखक के पास सुरक्षित हैं।)

1. लेखक का आँखों देखा अनुभव – नरेश दास वैष्णव निम्बार्क – 17 जून 2026

2. स्वर्णप्रस्थ संग्रहालय सोनीपत – सरकारी बोर्ड

3. दरगाह शरीफ मामा-भान्जा सोनीपत – दीवार पर अंकित इतिहास

4. ASI शिलापट्ट – Tomb of Khwaja Khizr — No. 431 — 28.06.1916

5. जामा मस्जिद मामा-भान्जा – Since 1272 — Renovated 2012

6. युद्ध स्मारक शिलापट्ट – 19 नवम्बर 2008

7. श्री चण्डी माँ महाकाली मंदिर – कामी रोड सोनीपत – बोर्ड

जय श्रीकृष्ण | जय हिंद | भारत माता की जय

[15:07, 17/06/2026] Naresh das Vaishnav Nimba: स्वर्णप्रस्थ की गाथा

नरेश दास वैष्णव निम्बार्क

अध्याय – 12

17 जून 2026 — सोनीपत यात्रा (द्वितीय चरण)

लेखक का आँखों देखा ऐतिहासिक विवरण – पुस्तक लॉन्च से एक दिन पहले

12.1 यात्रा की भूमिका

18 जून 2026 को मेरी 14वीं पुस्तक 'स्वर्णप्रस्थ की गाथा' का प्रकाशन होना था। उससे एक दिन पहले – 17 जून 2026 को – मैंने और मास्टर जगबीर वैष्णव जी ने सोनीपत की उन गलियों में और भी गहरे उतरने का निश्चय किया। बाइक और स्कूटी पर निकले – क्योंकि पुरानी सोनीपत की संकरी गलियों में गाड़ी नहीं जा सकती।

सोनीपत का कोट मौहल्ला – हलवाई हट्टा – कामी रोड – ये नाम केवल पते नहीं हैं। ये सनातन परंपरा के जीवंत अध्याय हैं। आज हम उन्हीं अध्यायों को पढ़ने निकले थे।

–नरेश दास वैष्णव निम्बार्क

स्थान 1 श्री राम मंदिर – सोनीपत

–जय सिया राम –

कोट मौहल्ले की गलियों में एक भव्य लाल भवन दिखा – शीर्ष पर लिखा था 'श्री राम मंदिर'। दोनों ओर स्वस्तिक – मध्य में विशाल ॐ – शिखर पर त्रिशूल – केसरिया ध्वजाएं।

प्रवेश द्वार पर सुनहरे अक्षरों में अंकित था – 'जय सिया राम'।

अंदर राधा-कृष्ण एवं सीता-राम की भव्य प्रतिमाएं। मंदिर की दीवारों पर धार्मिक चित्रकारी। यह मंदिर सोनीपत की वैष्णव परंपरा का जीवंत प्रमाण है।

मंदिर के बाहर एक बैनर लगा था – विशाल भव्य संकीर्तन का आयोजन – 'जुगल हंस एण्ड पार्टी' द्वारा। इस नगर में भक्ति की परंपरा आज भी अखंड है।

माथा टेका – 'जय सिया राम' कहा – और आगे बढ़े।

–नरेश दास वैष्णव निम्बार्क

- स्थान 2 ठाकुरद्वारा पंचायती मंदिर – कोट मौहल्ला

–13 फीट स्वर्णध्वज – 3 किलो सोना –

बड़े हलवाई हट्टे के पास संकरी गली में एक प्रवेश द्वार दिखा। काले पत्थर पर उत्कीर्ण था – 'ठाकुरद्वारा पंचायती मंदिर'। ऊपर ॐ का प्रतीक – केसरिया ध्वजाएं लहरा रही थीं।

सीढ़ियाँ चढ़कर ऊपर पहुँचे। पंडित जी विराजमान थे। उन्होंने सहर्ष स्वागत किया और मंदिर का गौरवशाली इतिहास सुनाया।

अंदर का दृश्य अविस्मरणीय था।

श्री राधा-कृष्ण की युगल जोड़ी – गुलाबी वस्त्र – गेंदे के फूलों की माला – नक्काशीदार संगमरमर का सिंहासन। सिंहासन के नीचे हाथियों की मूर्तियाँ – दीवारों पर संतों के चित्र।

फर्श पर संगमरमर में उत्कीर्ण था –

'श्री लाला बामन रामचन्द्र सनपत जी – अम्बाला – फर्श लगाया'

यह किसी श्रद्धालु का समर्पण था – जिसने इस मंदिर की सेवा में अपना नाम पत्थर में अमर किया।

पंडित जी ने एक विशेष तथ्य बताया –

इस मंदिर में 13 फीट ऊँचा स्वर्णध्वज है – जिसमें 3 किलो शुद्ध सोना लगा हुआ है। यह इस ठाकुरद्वारे की समृद्ध वैष्णव परंपरा का अमर प्रमाण है।

मास्टर जगबीर जी और मैंने – दोनों ने काफी देर तक पंडित जी से वार्तालाप किया। शगुन मेल किया – माथा टेका।

मन में एक विचार आया –

'पहले ये सब ठाकुरद्वारे वैष्णव बैरागियों के पास थे। आज दूसरों का अधिकार है। पर श्रीकृष्ण की सेवा तो हो रही है – यही पर्याप्त है।'

–नरेश दास वैष्णव निम्बार्क

- स्थान 3 माता रानी मंदिर (दुर्गा मंदिर) – कामी रोड

–वैष्णो देवी की भांति गुफा –

कामी रोड पर एक भव्य दृश्य ने मन मोह लिया।

विशाल प्रवेश द्वार के दोनों ओर सिंह की प्रतिमाएं – और उनके मध्य माता दुर्गा – सिंह पर आसीन – त्रिशूल धारण किए – लाल वस्त्र – बहुभुजी – मुखमंडल पर दिव्य तेज।

स्वर्णप्रस्थ की गाथा : 3526 वर्षों का अनसुना इतिहास

पृष्ठभूमि में भगवान शिव की विशाल प्रतिमा – त्रिशूल सहित – नीले रंग का प्रवेश द्वार – केसरिया ध्वजाएं।

यह मंदिर अत्यंत प्राचीन है।

और इस मंदिर की सबसे बड़ी विशेषता –

अंदर एक गुफा है – ठीक माता वैष्णो देवी की भांति।

जो श्रद्धालु वैष्णो देवी नहीं जा सकते – वे यहाँ आकर उसी अनुभव को पाते हैं। सोनीपत की इस पावन धरती पर माता की यह गुफा – सनातन आस्था का अटूट प्रमाण है।

माता के चरणों में माथा टेका – आशीर्वाद लिया।

–नरेश दास वैष्णव निम्बार्क

12.2 आज की यात्रा का सार

स्थान

विशेषता

विशेष तथ्य

श्री राम मंदिर

जय सिया राम – लाल भवन

स्वर्णप्रस्थ की गाथा : 3526 वर्षों का अनसुना इतिहास

संकीर्तन परंपरा जीवंत

ठाकुरद्वारा पंचायती मंदिर

राधा-कृष्ण युगल जोड़ी

13 फीट स्वर्णध्वज – 3 किलो सोना

माता रानी मंदिर

सिंहवाहिनी दुर्गा

वैष्णो देवी सदृश गुफा

12.3 यात्रा की भावना

कोट मौहल्ले की संकरी गलियों में आज जो देखा – वह केवल मंदिर नहीं थे। वे सनातन परंपरा के जीवंत दुर्ग थे।

एक ओर श्री राम मंदिर में 'जय सिया राम' की गूँज – दूसरी ओर ठाकुरद्वारे में राधा-कृष्ण की युगल जोड़ी – और कामी रोड पर माता की वैष्णो देवी सदृश गुफा।

स्वर्णप्रस्थ की गाथा : 3526 वर्षों का अनसुना इतिहास

3 किलो सोने का स्वर्णध्वज – जो 13 फीट ऊँचा लहरा रहा है – यह सोनीपत के वैष्णव समाज की अटूट श्रद्धा का प्रतीक है।

पुस्तक लॉन्च से एक दिन पहले – इस नगर की आत्मा को इतने निकट से छूने का अवसर मिला – यह परमात्मा की असीम कृपा है।

जो नगर पांडवों की धरोहर है –

जो नगर बंदा बैरागी की वीरगाथा का साक्षी है –

उस नगर के ठाकुरद्वारों में आज भी श्रीकृष्ण विराजते हैं।

यही स्वर्णप्रस्थ की असली पहचान है।

–नरेश दास वैष्णव निम्बार्क

स्रोत एवं प्रमाण

लेखक का आँखों देखा अनुभव – 17 जून 2026

ठाकुरद्वारा पंचायती मंदिर – पंडित जी से प्राप्त जानकारी – कोट मौहल्ला सोनीपत

श्री राम मंदिर – बोर्ड एवं बैनर – सोनीपत

माता रानी मंदिर – कागी रोड सोनीपत – फोटो सहित

अध्याय — 14

पांडु पिंडारा और रामराये — जींद जिला, हरियाणा

महाभारत काल के दो महातीर्थ – शोध एवं ऐतिहासिक विवरण

14.1 भूमिका

हरियाणा की पावन भूमि केवल कुरुक्षेत्र तक सीमित नहीं है। जींद जिले में महाभारत की कई कथाएं जुड़ी हुई हैं और वामन पुराण, नारद पुराण तथा पद्म पुराण में भी जींद का उल्लेख मिलता है। इसी जींद जिले में दो ऐसे महातीर्थ हैं जो सनातन परंपरा के अमर साक्षी हैं –

पांडु पिंडारा और रामराये (रामहृदय तीर्थ)

इन दोनों तीर्थों का उल्लेख 'स्वर्णप्रस्थ की गाथा' के संदर्भ में इसलिए आवश्यक है क्योंकि सोनीपत (स्वर्णप्रस्थ) और जींद – दोनों उसी महाभारत काल की धरती के अंग हैं। त्रेता युग से द्वापर युग तक – इस भूमि का सनातन वैभव अखंड रहा है।

- स्थान 1 – पांडु पिंडारा – पिंडतारक तीर्थ

– जींद जिला, हरियाणा –

पांडु पिंडारा जींद जिले का एक प्रसिद्ध महातीर्थ है। इस पिंडतारक तीर्थ के संबंध में किंवदंती है कि महाभारत युद्ध के बाद पूर्वजों की आत्मा की शांति के लिए पांडवों ने यहाँ 12 वर्ष तक सोमवती अमावस्या की प्रतीक्षा में तपस्या की।

बाद में सोमवती अमावस्या के आने पर युद्ध में मारे गए परिजनों की आत्मा की शांति के लिए उन्होंने पिंडदान किया। तभी से यह माना जाता है कि पांडु पिंडारा स्थित पिंडतारक तीर्थ पर पिंडदान करने से पूर्वजों को मोक्ष मिल जाता है।

महाभारत काल से ही पितृ विसर्जन की अमावस्या – विशेषकर सोमवती अमावस्या – पर यहाँ पिंडदान करने का विशेष महत्व है। यहाँ पिंडदान करने के लिए विभिन्न प्रांतों से श्रद्धालु आते हैं।

विशेष तथ्य:

यहाँ का पवित्र सरोवर – स्नान एवं पिंडदान के लिए

प्रत्येक अमावस्या पर हजारों श्रद्धालुओं का आगमन

सोमवती अमावस्या पर विशेष मेला – दूर-दूर से श्रद्धालु

सूर्यग्रहण के समय भी विशेष पुण्यकाल

सनातन महत्व:

सोनीपत (स्वर्णप्रस्थ) से जहाँ पांडवों का सोना सुरक्षित था – उसी युग में पांडव जींद के इस तीर्थ पर अपने पितरों की मुक्ति के लिए तपस्या कर रहे थे। यह दोनों स्थान एक ही सनातन सूत्र से बंधे हैं।

- स्थान 2 – रामराये – सन्निहित तीर्थ रामह्रदय

– जींद जिला (तहसील नरवाना) – हिसार सीमा के निकट –

– परशुराम की तपोभूमि – वामन पुराण में उल्लिखित –

जींद से कुछ दूर जिला हिसार की सीमा के पास एक स्थान रामराय है जिसे रामह्रदय भी कहते हैं। पौराणिक हिन्दू इस स्थान को अपना पुण्यतीर्थ मानते हैं। प्रतिवर्ष यहाँ मेला भी लगता है। यह स्थान कुरुक्षेत्र के अन्तर्गत ही माना जाता है – और यहाँ कुरुक्षेत्र के समान सूर्यग्रहण के समय भी मेला लगता है।

पौराणिक लोगों में विश्वास और जन-श्रुति है कि इसी स्थान पर भगवान परशुराम ने क्षत्रियों का विध्वंस किया था।

सन्निहित सरोवर – आदिकाल से विद्यमान

स्वर्णप्रस्थ की गाथा : 3526 वर्षों का अनसुना इतिहास

इस तीर्थ का नामोल्लेख एवं महत्व वामन पुराण तथा महाभारत में विस्तार से वर्णित है। इस तीर्थ में सूर्यग्रहण के अवसर पर दान-पुण्य करने का विशेष महत्व है।

प्रचलित विश्वास के अनुसार प्राचीन सन्निहित सरोवर यहाँ रामहद में है – बाद में इस सरोवर की मिट्टी से कुरुक्षेत्र में सन्निहित तीर्थ को बनाया गया। महाभारत के अनुसार सूर्यग्रहण के अवसर पर इस तीर्थ का स्पर्श मात्र कर लेने से श्रद्धालुओं को सैंकड़ों अश्वमेध यज्ञों के फल की प्राप्ति होती है।

रामह्रदय तीर्थ – श्रीराम, लक्ष्मण, सीता द्वारा उत्खनित

रामराये का सबसे बड़ा गौरव यह है कि यहाँ रामह्रदय तीर्थ की खुदाई स्वयं भगवान श्रीराम, लक्ष्मण एवं माता सीता ने की थी। त्रेता युग की यह पावन स्मृति आज भी इस तीर्थ को अलौकिक बनाती है।

प्रत्येक पूर्णिमा को यहाँ दूर-दूर से श्रद्धालु अपनी मन्नत माँगने आते हैं। यह परंपरा युगों से अखंड चली आ रही है।

परशुराम की पाँच पवित्र कुण्डियाँ

सूर्यकुण्ड एवं कल्याणी उन पाँच पवित्र कुण्डों में हैं जो भगवान परशुराम द्वारा निर्मित थे। बाद में उनके पूर्वजों की कृपा से ये सभी मोक्ष तीर्थों में परिवर्तित हो गए।

रामह्रदय तीर्थ – श्रीराम-लक्ष्मण-सीता द्वारा उत्खनित

स्वर्णप्रस्थ की गाथा : 3526 वर्षों का अनसुना इतिहास

सन्निहित सरोवर – आदिकाल से विद्‌यमान – वामन पुराण उल्लिखित

सूर्यकुण्ड – परशुराम निर्मित – सूर्यग्रहण पर विशेष महत्व

यक्षी देवी मंदिर – प्राचीन शक्तिपीठ

कल्याणी माता तीर्थ – परशुराम काल से विद्‌यमान – मोक्षदायी

14.2 ऐतिहासिक महत्व – तुलनात्मक दृष्टि

तीर्थ

स्थान

विशेषता

युग

पांडु पिंडारा

जींद

पांडवों का पिंडदान तीर्थ

द्‌वापर युग

रामह्रदय तीर्थ

रामराये

राम-लक्ष्मण-सीता द्वारा उत्खनित

त्रेता युग

सन्निहित सरोवर

रामराये

वामन पुराण में उल्लिखित

आदिकाल

सूर्यकुण्ड

रामराये

परशुराम तपोभूमि

परशुराम काल

कल्याणी माता

रामराये

मोक्ष तीर्थ

14.3 शोध-निष्कर्ष

इन दोनों तीर्थों का अध्ययन करने पर एक महत्वपूर्ण तथ्य उभरकर आता है –

सोनीपत (स्वर्णप्रस्थ) – जींद (पांडु पिंडारा) – रामराये (रामह्रदय तीर्थ) – ये तीनों स्थान एक ही सनातन भू-रेखा पर स्थित हैं। त्रेता युग से लेकर द्वापर युग तक – इस भूमि पर राम भी आए, परशुराम भी आए और पांडव भी आए।

जो भूमि राम के चरणों से पवित्र हुई –

जहाँ परशुराम ने तपस्या की –

जहाँ पांडवों ने पितरों को मोक्ष दिलाया –

वह भूमि आज भी जीवंत है – हरियाणा की इस पावन धरती पर।

–नरेश दास वैष्णव निम्बार्क

स्रोत एवं प्रमाण

स्वर्णप्रस्थ की गाथा : 3526 वर्षों का अनसुना इतिहास

कुरुक्षेत्र विकास बोर्ड – सन्निहित तीर्थ रामराय – आधिकारिक विवरण

वामन पुराण – रामराये तीर्थ उल्लेख

महाभारत – पिंडतारक तीर्थ एवं सन्निहित तीर्थ वर्णन

ETV भारत – पांडु पिंडारा तीर्थ रिपोर्ट

Jatland Wiki — रामराय ऐतिहासिक विवरण

दैनिक ट्रिब्यून – जींद पिंडतारक तीर्थ विवरण

जय श्रीकृष्ण | जय हिंद | भारत माता की जय

स्वर्णप्रस्थ की गाथा : 3526 वर्षों का अनसुना इतिहास

स्वर्णप्रस्थ की गाथा

नरेश दास वैष्णव निम्बार्क

अध्याय — 15

बंदा वीर बैरागी

खरखोदा – खांडा – स्वर्णप्रस्थ

निम्बार्क मठ से उठा वह वीर – जिसने मुगल साम्राज्य को चुनौती दी

15.1 लेखक का व्यक्तिगत प्रसंग

मैं खरखोदा अनेकों बार गया हूँ। हर बार उस भूमि पर पाँव रखते ही मन में एक विचार आता था – यह भूमि साधारण नहीं है। यहाँ की मिट्टी में महाभारत का इतिहास है – और यहीं की हवाओं में बंदा वीर बैरागी की रणहुंकार आज भी गूँजती है।

मैं निम्बार्क संप्रदाय का अनुयायी हूँ – और बंदा वीर बैरागी ने उसी निम्बार्क मठ से अपनी विजय-यात्रा आरंभ की – यह संयोग नहीं, यह सनातन की अखंड धारा है। उस मठ की भूमि को जब भी स्पर्श किया – मन में श्रद्धा और गर्व का अद्‌भुत संगम हुआ।

–नरेश दास वैष्णव निम्बार्क

15.2 जन्म एवं बैरागी जीवन – लक्ष्मण देव से माधोदास तक

बंदा वीर बैरागी का जन्म 27 अक्टूबर 1670 को जम्मू-कश्मीर के राजौरी में हुआ था। बचपन का नाम था – लक्ष्मण देव।

15 वर्ष की अल्पायु में ही उन्होंने गृहस्थ जीवन त्याग दिया और बैरागी बन गए। उनका नाम पड़ा – माधोदास बैरागी। देश भ्रमण करते हुए वे महाराष्ट्र के नांदेड़ पहुँचे और गोदावरी नदी के तट पर एक मठ की स्थापना की।

1708 में – नांदेड़ में ही – उनकी भेंट सिखों के दसवें गुरु श्री गुरु गोबिंद सिंह जी से हुई। यह भेंट इतिहास बदलने वाली थी।

15.3 खांडा गाँव, खरखोदा – प्रथम सैनिक मुख्यालय

– निम्बार्क संप्रदाय का मठ – 21 फरवरी 1709 –

गुरु गोबिंद सिंह जी से भेंट के पश्चात् बंदा वीर बैरागी ने पंजाब की ओर प्रस्थान किया। उनका मार्ग था – नांदेड़ से सोनीपत होते हुए पंजाब।

21 फरवरी 1709 को – सोनीपत के खरखोदा परगना में स्थित खांडा नामक गाँव में – निम्बार्क संप्रदाय और निर्मोही अखाड़े के संत महंत किशोर दास जी के निर्मोही अखाड़ा मठ को बंदा वीर बैरागी ने अपना प्रथम सैनिक मुख्यालय बनाया।

यह तथ्य अत्यंत महत्वपूर्ण है – क्योंकि यह वही निम्बार्क संप्रदाय का मठ था जिस परंपरा से मैं स्वयं जुड़ा हूँ। उसी मठ से एक वैष्णव बैरागी ने मुगल साम्राज्य को चुनौती देने की शपथ ली।

यहीं से उठा वह महातूफान –

इसी खांडा गाँव से बंदा वीर बैरागी ने गुरु गोबिंद सिंह जी के हुकमनामे पंजाब के समस्त जत्थेदारों को भेजे। सोनीपत और रोहतक जिलों के सैकड़ों किसान और योद्धा उनकी सेना में सम्मिलित हुए। जो सेना यहाँ आने से पहले केवल 3 साथियों की थी – वह शीघ्र ही 1400 से अधिक वीरों की सेना बन गई।

खरखोदा के दाहिया जाट चौधरियों ने भी बंदा वीर बैरागी का पूर्ण समर्थन किया। यह भूमि – यह खांडा गाँव – भारत के स्वतंत्रता संग्राम का प्रथम रणक्षेत्र बना।

–नरेश दास वैष्णव निम्बार्क

- 15.4 सोनीपत का युद्ध – मुदस्सर की पराजय – 1709

–प्रथम मुगल-विजय – स्वर्णप्रस्थ की मुक्ति –

खांडा गाँव में सेना एकत्रित करने के पश्चात् बंदा वीर बैरागी ने अपना पहला आघात किया – मुगल साम्राज्य की नींव पर।

स्वर्णप्रस्थ की गाथा : 3526 वर्षों का अनसुना इतिहास

सोनीपत – जिसे हम स्वर्णप्रस्थ कहते हैं – उस समय मुगल फौजदार मुदस्सर के नियंत्रण में था। मुदस्सर को विश्वास था कि दिल्ली के इतने निकट कोई आँख उठाने का साहस नहीं करेगा।

किंतु बंदा वीर बैरागी ने वह असंभव कर दिखाया।

मात्र 500 सैनिकों के साथ – उन्होंने सोनीपत पर धावा बोला। मुगल कमांडर मुदस्सर पराजित हुआ। मुगलों का 'अजेय' होने का भ्रम यहीं टूटा। राजकोष का धन लूटकर जनता में वितरित किया गया।

यह केवल एक युद्ध नहीं था – यह एक संदेश था – कि हिन्दू अब भय में नहीं जीएंगे।

–नरेश दास वैष्णव निम्बार्क

15.5 बंदा वीर बैरागी – एक जीता-जागता हिन्दू सम्राट

–लोहागढ़ किला – स्वतंत्र सिक्के – हिन्दू राज्य –

सोनीपत विजय के पश्चात् बंदा वीर बैरागी की विजय-यात्रा रुकी नहीं। समाना, सढौरा, कुंजपुरा, सिरहिंद – एक के बाद एक मुगल किले ध्वस्त होते गए।

लोहागढ़ – हिन्दू सम्राट का किला

बंदा वीर बैरागी ने यमुना और सतलुज के प्रदेश को अपने अधीन कर लिया। मुखलिशपुर में लोहागढ़ नामक एक मजबूत किला निर्मित कराया। राजा की उपाधि ग्रहण की। अपने नाम के सिक्के जारी कराए।

वे केवल एक योद्धा नहीं थे – वे एक सम्राट थे। एक वैष्णव बैरागी – जो सन्यासी भी था और सम्राट भी। जिसने भूमि सुधार किए – जमींदारी प्रथा समाप्त की – किसानों को उनकी भूमि दिलाई।

गीता का ज्ञान – मृत्यु के सामने

जब मुगलों ने दस लाख की फौज से घेरा डाला और 17 दिसंबर 1715 को विश्वासघात से पकड़ लिया – तब भी बंदा वीर बैरागी का माथा नहीं झुका।

लोहे के पिंजरे में बंद – हाथी पर लादकर दिल्ली लाए गए। रास्ते भर गर्म चिमटों से शरीर का मांस नोचा गया – पर वे मुगल बादशाह के सामने निडर खड़े रहे और बोले –

'आत्मा न मरता है, न मारता है –

सुन मेरी गीता का ज्ञान।'

9 जून 1716 को – इस महावीर ने हिन्दू उत्थान यज्ञ में अपने प्राणों की आहुति दी। पर मरने से पहले – उन्होंने मुगल साम्राज्य की नींव हिला दी थी।

–नरेश दास वैष्णव निम्बार्क

15.6 बंदा वीर बैरागी – जीवन कालक्रम

तिथि / युग

घटना

स्थान

महत्व

27 अक्टूबर 1670

जन्म – लक्ष्मण देव

राजौरी, जम्मू-कश्मीर

राजपूत परिवार

1685 (15 वर्ष)

बैरागी दीक्षा

घर त्याग

माधोदास बैरागी

1708

गुरु गोबिंद सिंह से भेंट

नांदेड़, महाराष्ट्र

बंदा सिंह बहादुर नाम

21 फरवरी 1709

प्रथम सैनिक मुख्यालय

खांडा, खरखोदा, सोनीपत

निम्बार्क मठ

1709

सोनीपत युद्ध – मुदस्सर पराजित

स्वर्णप्रस्थ (सोनीपत)

प्रथम मुगल-विजय

1709-1715

लोहागढ़ किला – स्वतंत्र सिक्के

मुखलिशपुर

स्वर्णप्रस्थ की गाथा : 3526 वर्षों का अनसुना इतिहास

हिन्दू सम्राट

9 जून 1716

बलिदान

दिल्ली

हिन्दू उत्थान यज्ञ

15.7 विशेष ऐतिहासिक तथ्य

बंदा वीर बैरागी – लक्ष्मण देव – माधोदास – बंदा सिंह बहादुर – चार नाम, एक महायोद्धा

निम्बार्क संप्रदाय के मठ से चला – और मुगल साम्राज्य को हिला दिया

खरखोदा परगना के खांडा गाँव से – भारत का प्रथम सशस्त्र स्वतंत्रता संग्राम

सोनीपत (स्वर्णप्रस्थ) में मुदस्सर को पराजित किया – प्रथम मुगल-विजय

लोहागढ़ में हिन्दू राज्य स्थापित किया – अपने नाम के सिक्के जारी किए

जमींदारी प्रथा समाप्त की – किसानों को भूमि अधिकार दिए – समाज सुधारक

9 जून 1716 – बलिदान दिवस – हिन्दू उत्थान यज्ञ में आहुति

हरियाणा सरकार ने खांडा गाँव में 50 एकड़ भूमि पर स्मारक विकसित किया

15.8 इतिहासकार की दृष्टि – लेखक के उद्गार

बंदा वीर बैरागी का इतिहास मुझे इसलिए और भी अधिक प्रिय है – क्योंकि वे निम्बार्क संप्रदाय के उसी मठ से उठे जिस परंपरा से मैं जुड़ा हूँ।

जब मैं खरखोदा जाता हूँ – और उस खांडा गाँव की मिट्टी को स्पर्श करता हूँ – तो मन में एक ही विचार आता है –

जो बैरागी था – वह सम्राट भी बना।

जो संन्यासी था – वह सेनापति भी बना।

जो निम्बार्क मठ से उठा – उसने मुगल साम्राज्य को झुकाया।

जो सोनीपत (स्वर्णप्रस्थ) में लड़ा – उसने इस नगर को गौरव दिया।

बंदा वीर बैरागी – केवल एक नाम नहीं।

वे एक युग थे – एक जीता-जागता हिन्दू सम्राट।

उनका बलिदान व्यर्थ नहीं गया –

स्वर्णप्रस्थ की गाथा में उनका नाम अमर है।

–नरेश दास वैष्णव निम्बार्क

स्रोत एवं प्रमाण

उत्तिष्ठ भारत – बंदा वीर बैरागी – सेहरी खांडा, प्रथम सैनिक मुख्यालय विवरण

Jatland Wiki — Khanda, Sonipat — हरियाणा स्टेट गजेटियर, खंड-1

SikhNet — Banda Singh Bahadur — Khanda Sonipat

Wikipedia — Battle of Sonipat — 1709

भारतकोश – बंदा बहादुर – लोहागढ़ किला विवरण

Punjab Kesari — बंदा सिंह बहादुर – ऐतिहासिक विवरण

लेखक का व्यक्तिगत अनुभव – अनेकों बार खरखोदा यात्रा

स्वर्णप्रस्थ की गाथा : 3526 वर्षों का अनसुना इतिहास

जय बंदा वीर बैरागी

जय श्रीकृष्ण । जय हिंद । भारत माता की जय

स्वर्णप्रस्थ की गाथा

नरेश दास वैष्णव निम्बार्क

अध्याय — 16

गोहाना — गवमभावना से गोहाना तक

सोनीपत जिले की सबसे प्राचीन तहसील

एक इतिहासकार की यात्रा – बचपन से बुढ़ापे तक

16.1 लेखक का व्यक्तिगत प्रसंग – बचपन से बुढ़ापे तक

गोहाना से मेरा नाता केवल इतिहास का नहीं – यह आत्मा का नाता है।

मेरी माँ की सगी बहन – मेरी मौसी श्रीमती धनपति जी – गोहाना के देवी नगर में रहती थीं। बचपन से ही मैं गोहाना जाता था। उन संकरी गलियों में, उन प्राचीन मंदिरों में, उस नगर की माटी में – एक अलग ही अनुभूति होती थी।

अनेकों बार उन मंदिरों के दर्शन किए। हर बार मन में एक भाव उठता था –

'यह नगर बहुत पुराना है। इसकी नींव में कोई बड़ा इतिहास दबा है।'

आज जब इतिहासकार की दृष्टि से उस इतिहास को देखता हूँ – तो गर्व से भर जाता हूँ। मौसी धनपति जी का वह स्नेह – देवी नगर की वे गलियाँ – और उन मंदिरों की घंटियाँ – यह सब आज भी मन में जीवित है।

– नरेश दास वैष्णव निम्बार्क

16.2 गोहाना – नाम की उत्पत्ति एवं प्राचीन परिचय

गोहाना हरियाणा की सबसे प्राचीन तहसील है। ब्रिटिश शासन ने इसे 1826 ईसवी में तहसील घोषित किया था – और उस काल के कुछ भवन आज भी नगर में विद्यमान हैं।

प्राचीन काल में गोहाना को 'गवमभावना' कहा जाता था – अर्थात् गौवों का निवास-स्थल – और यह एक अत्यंत पवित्र तीर्थ-स्थल था। एक अन्य नाम 'गोऊध्वाना' भी प्रचलित था। कालांतर में यही नाम अपभ्रंश होकर 'गोहाना' बन गया।

स्थानीय परंपराओं के अनुसार गोहाना की स्थापना 'तेज सिंह' नामक राजपूत सरदार ने की थी। वे मुरथल तक और वर्तमान करनाल जिले के कुछ भागों तक शासन करते थे। यह नगर ऐतिहासिक रूप से चौहान वंश के राजपूतों द्वारा शासित रहा – इसीलिए यह राजपूत शक्ति का केंद्र माना जाता था।

16.3 पृथ्वीराज चौहान का किला – दरियापुर – 1192 ईसवी

– वह किला जिसे मोहम्मद गोरी ने ध्वंस किया –

गोहाना के इतिहास का सबसे गौरवशाली और साथ ही सबसे दुखद अध्याय है – पृथ्वीराज चौहान का किला।

महान हिन्दू सम्राट पृथ्वीराज चौहान ने गोहाना में एक सुदृढ़ किला निर्मित कराया था। उन्होंने इस किले का नाम अपने वीर सेनापति 'दरियासिंह' के नाम पर 'दरियापुर' रखा। यह किला राजपूत शक्ति का प्रतीक था – पृथ्वीराज की उस सेना का आश्रय-स्थल जो दिल्ली से पानीपत तक के क्षेत्र की रक्षा करती थी।

किंतु 1192 ईसवी में – तराइन के द्वितीय युद्ध में पृथ्वीराज चौहान की पराजय के पश्चात् – मोहम्मद गोरी ने इस किले को नष्ट कर दिया। वह किला जो कभी हिन्दू वीरता का प्रतीक था – आज केवल एक टीले के रूप में शेष है।

पर उस टीले की मिट्टी भी पृथ्वीराज चौहान की वीरगाथा सुनाती है – जो भारत का अंतिम हिन्दू सम्राट था।

– नरेश दास वैष्णव निम्बार्क

16.4 मुगल काल – आईना-ए-अकबरी में गोहाना – 1590 ईसवी

मुगल काल में भी गोहाना का महत्व अक्षुण्ण रहा। बादशाह अकबर के नवरत्नों में से एक – राजा टोडरमल ने उत्तरी भारत की भूमि की पैमाइश की और उसे सरकारों (जिलों) तथा परगनों में विभाजित किया।

1590 ईसवी में अबुल फजल द्वारा लिखित 'आईना-ए-अकबरी' के अनुसार – गोहाना उस समय एक प्रमुख परगना था। वह हिसार सरकार से जुड़ा था। इसके अंतर्गत बुटाना, मुडलाना, खानपुर कलाँ आदि परगने आते थे। गोहाना उस काल में भी एक समृद्ध कस्बा था।

16.5 1857 का स्वतंत्रता संग्राम – गोहाना के वीर बलिदानी

– एक दिन में 45 वीर शहीद –

1857 के प्रथम स्वतंत्रता संग्राम में गोहाना के वीरों ने अंग्रेजी साम्राज्य को खुली चुनौती दी।

गोहाना के क्रांतिकारी अब्दुल्लाह शेख को 18 जनवरी 1858 को दिल्ली में फाँसी दी गई। उस समय गोहाना का तहसीलदार 'उदयभान' नामक एक व्यक्ति था – जो जींद का निवासी था और अंग्रेजों का पिट्ठू था। उसने गोहाना के आसपास के गाँवों के 45 स्वतंत्रता-प्रेमी वीरों को एक ही दिन में फाँसी पर लटका दिया।

जिन्होंने 1857 में अंग्रेजों का साथ दिया – उन्हें पुरस्कृत किया गया। किंतु जिन्होंने माँ भारती के लिए प्राण दिए – वे अमर हो गए।

गोहाना की वह बलिदानी परंपरा – जो 1192 में पृथ्वीराज के साथ आरंभ हुई – वह 1857 में भी अखंड रही।

– नरेश दास वैष्णव निम्बार्क

16.6 गोहाना के प्राचीन मंदिर – लेखक के आँखों देखे दर्शन

बचपन से लेकर आज तक – मैं जितनी बार गोहाना गया – उन मंदिरों के दर्शन अवश्य किए। मौसी धनपति जी के घर – देवी नगर – से निकलते ही मंदिरों की घंटियों की मधुर ध्वनि कानों में पड़ती थी।

गोहाना के जिन धार्मिक स्थलों के मैंने दर्शन किए –

◆ प्राचीन शिव मंदिर

गोहाना के प्राचीनतम मंदिरों में से एक – सैकड़ों वर्ष पुराना। शिव की उपासना की यह परंपरा उस काल से चली आ रही है जब गोहाना 'गवमभावना' था।

◆ नवरात्रि मेला – देवी शक्ति की उपासना

गोहाना क्षेत्र में चैत्र शुक्ल पक्ष अष्टमी तथा आश्विन शुक्ल पक्ष में नवरात्रि के पर्व पर विशाल मेला लगता है। दूर-दूर से श्रद्धालु

माँ की उपासना के लिए आते हैं। यह मेला देवी शक्ति की अखंड उपासना-परंपरा का जीवंत प्रमाण है।

◆ देवी नगर – श्रद्धा का केंद्र

देवी नगर – जहाँ मौसी धनपति जी रहती थीं – वह मोहल्ला अपने आप में एक पवित्र स्थान है। देवी माँ की उपस्थिति वहाँ की हर गली में अनुभव होती है।

◆ पीर जमाल की मजार – हिन्दू-मुस्लिम एकता

गोहाना में स्थित पीर जमाल की मजार हिन्दू-मुस्लिम एकता का प्रतीक मानी जाती है। यह गोहाना की उस समावेशी परंपरा का प्रमाण है जो सदियों से चली आ रही है।

– नरेश दास वैष्णव निम्बार्क

16.7 गोहाना की विशेष पहचान – जलेबी एवं तागा ब्राह्मण

गोहाना केवल इतिहास के लिए नहीं – अपनी विशेष पहचान के लिए भी सारे भारत में प्रसिद्ध है।

मातुराम की जलेबी – विश्वप्रसिद्ध

गोहाना विश्वभर में 'मातुराम की जलेबी' के लिए प्रसिद्ध है – जो भारत की राष्ट्रीय मिठाई भी मानी जाती है। प्रत्येक जलेबी का वजन लगभग 250 ग्राम होता है और यह शुद्ध देसी घी से बनती है। यह जलेबी गोहाना की पहचान बन गई है।

तागा ब्राह्मण – गोहाना की सांस्कृतिक पहचान

पृथ्वीराज चौहान के किले के ध्वंस के पश्चात् गोहाना तागा ब्राह्मणों का प्रमुख निवास-स्थल बना। यह ब्राह्मण समाज आज भी गोहाना की सांस्कृतिक एवं सामाजिक पहचान का अभिन्न अंग है।

16.8 गोहाना का ऐतिहासिक सारांश

काल	घटना	महत्व
प्राचीन काल	गवमभावना – पवित्र तीर्थ	राजपूत शक्ति केंद्र
तेज सिंह काल	गोहाना की स्थापना	चौहान राजपूत संस्थापक
1192 ईसवी	पृथ्वीराज किला – दरियापुर	मोहम्मद गोरी द्वारा ध्वंस
1590 ईसवी	मुगल काल – प्रमुख परगना	आईना-ए-अकबरी में उल्लेख

काल	घटना	महत्व
1826 ईसवी	ब्रिटिश काल – तहसील घोषित	हरियाणा की प्राची तहसील
1857 ईसवी	स्वतंत्रता संग्राम	45 वीर एक दिन म शहीद
1972 ईसवी	सोनीपत जिले में सम्मिलित	उप-मंडल एवं तह

16.9 यात्रा की भावना – श्रद्धा और स्मृति

गोहाना मेरे लिए केवल एक तहसील नहीं है।

यह वह नगर है जहाँ मेरी मौसी धनपति जी रहती थीं। देवी नगर की वे गलियाँ – जहाँ बचपन में खेला – जहाँ मंदिरों के दर्शन किए – वे सब आज भी हृदय में जीवित हैं।

और जब इतिहासकार की दृष्टि से देखता हूँ – तो गोहाना और भी महान लगता है।

जो नगर गवमभावना था – पवित्र तीर्थ था –

स्वर्णप्रस्थ की गाथा : 3526 वर्षों का अनसुना इतिहास

जहाँ पृथ्वीराज चौहान ने दरियापुर किला बनाया—

जहाँ 1857 में 45 वीरों ने फाँसी स्वीकार की—

जहाँ मौसी धनपति जी के आँगन से मंदिर की घंटियाँ सुनाई देती थीं —

वह नगर आज भी अपनी आन-बान-शान से खड़ा है।

गोहाना – स्वर्णप्रस्थ की गाथा का अटूट अंग है।

— नरेश दास वैष्णव निम्बार्क

स्रोत एवं प्रमाण

- Alchetron — Gohana History — 1826 तहसील विवरण
- Jatland Wiki — Gohana — मुगल काल, 1857 स्वतंत्रता संग्राम विवरण
- Tourism India — Gohana Sonipat — पृथ्वीराज किला इतिहास
- NewsWebcast — सोनीपत जिला विवरण – गोहाना परगना
- Wikipedia — Gohana — जलेबी, तागा ब्राह्मण, स्थापना

स्वर्णप्रस्थ की गाथा : 3526 वर्षों का अनसुना इतिहास

- TopKro – Sonipat जिला – गोहाना नवरात्रि मेला
- लेखक का व्यक्तिगत अनुभव – बचपन से अनेकों यात्राएं – मौसी धनपति जी, देवी नगर गोहाना

जय श्रीकृष्ण । जय हिंद । भारत माता की जय

स्वर्णप्रस्थ की गाथा : 3526 वर्षों का अनसुना इतिहास

स्वर्णप्रस्थ की गाथा

नरेश दास वैष्णव निम्बार्क

लेखक परिचय नरेश दास वैष्णव निम्बार्क

सेवानिवृत्त नायब सूबेदार, भारतीय सेना | UN वेटरन

सनातन वैष्णव बैरागी इतिहासकार | लेखक | शोधकर्ता

अध्यक्ष – वैश्विक सनातन वैष्णव बैरागी सेवा संगठन

प्रधान संपादक – 'सनातन भारत: नया सवेरा' (ई-मासिक पत्रिका)

www.nareshswaminimbark.in

सैन्य सेवा – 24 वर्ष राष्ट्र को समर्पित

नरेश दास वैष्णव निम्बार्क जी ने भारतीय सेना में 24 वर्षों की गौरवशाली सेवा की। नायब सूबेदार के पद से सेवानिवृत्त होकर उन्होंने UN में भी सेवा दी। एक सैनिक की अनुशासन-दृष्टि और एक इतिहासकार की शोध-दृष्टि का संगम उनके लेखन को अत्यंत विशिष्ट बनाता है।

सेवानिवृत्ति के पश्चात् उन्होंने अपना सम्पूर्ण जीवन 'सनातन वैष्णव बैरागी परंपरा' के ऐतिहासिक शोध को समर्पित कर दिया – यात्रा: बंदूक से कलम तक।

शोध का केंद्र – सनातन वैष्णव बैरागी परंपरा

उनका 18 वर्षों का शोध निम्नलिखित विषयों पर केंद्रित है:

निम्बार्क संप्रदाय का इतिहास एवं दर्शन

सनातन वैष्णव बैरागी परंपरा

भारत के तपस्वी योद्धाओं की परंपरा

मध्यकालीन भारत में मंदिर-रक्षा आंदोलन

सनातन धर्म की सांस्कृतिक एवं आध्यात्मिक विरासत

वे वैश्विक सनातन वैष्णव बैरागी सेवा संगठन के अध्यक्ष हैं – जो वैष्णव बैरागी समुदाय की ऐतिहासिक पहचान को संरक्षित एवं प्रलेखित करने का कार्य करता है।

वैष्णव बैरागी स्वतंत्रता सेनानी – सरकारी दस्तावेज

सोनीपत जिले के तीन वैष्णव बैरागी स्वतंत्रता सेनानियों के सरकारी दस्तावेज उनके पास सुरक्षित हैं:

हनुमंत बैरागी – आजाद हिंद फौज – गाँव बागरू, जिला सोनीपत

रवि रतन उर्फ धनपत बैरागी – स्वतंत्रता सेनानी – गाँव छतेरा, जिला सोनीपत

देशराज बैरागी – स्वतंत्रता सेनानी – गाँव मुडलाना, जिला सोनीपत

सनातन भारत: नया सवेरा – ई-मासिक पत्रिका

नरेश दास वैष्णव निम्बार्क जी 'सनातन भारत: नया सवेरा' नामक ई-मासिक पत्रिका के प्रधान संपादक हैं। यह पत्रिका पिछले 15 महीनों से निरंतर प्रकाशित हो रही है और लाखों पाठकों तक पहुँच चुकी है। यह पत्रिका पूर्णतः निःशुल्क है – इसमें कोई व्यावसायिक विज्ञापन नहीं दिया जाता।

प्रकाशित पुस्तकें – 18+ ग्रंथ – Amazon, Notion Press, Google पर उपलब्ध

नरेश दास वैष्णव निम्बार्क जी की पुस्तकें Amazon, Flipkart, Notion Press पर उपलब्ध हैं और 195 देशों में पाठकों तक पहुँच रही हैं। 'स्वर्णप्रस्थ की गाथा' उनकी 14वीं पुस्तक है।

क्र.

पुस्तक का नाम

प्रकाशन

भाषा

1

यात्रा: बंदूक से कलम तक

Amazon

हिंदी

2

महंत बने महाराजा (2025)

Amazon

हिंदी

3

महंत बने महाराजा: वैष्णव बैरागी राजाओं का इतिहास (2026)

Amazon

हिंदी

4

रणभूमि से तीर्थभूमि तक: एक सैनिक की अमर गाथा

Amazon

स्वर्णप्रस्थ की गाथा : 3526 वर्षों का अनसुना इतिहास

हिंदी

5

रामनगर: 422 वर्षों का अनसुना इतिहास

Amazon

हिंदी

6

Nimbark Sampraday: Sanatan Vaishnav Bairagi Tradition

Amazon

English

7

Sanatan Vaishnav Bairagi: Forgotten Warriors and Soldiers

Amazon

English

8

The Royal Legacy of the Sanatan Vaishnav Bairagis

Amazon

स्वर्णप्रस्थ की गाथा : 3526 वर्षों का अनसुना इतिहास

English

9

Ramnagar: 422 Years of Untold History

Amazon

English

10

The Vaishnav Bairagi Kings of India: Warrior Saints

Amazon

English

11

Jagatguru Nimbarkacharyaji: Sanatan Ke Surya

Amazon

English

12

सनातन भारत: नया सवेरा (ई-मासिक पत्रिका)

Google Drive

स्वर्णप्रस्थ की गाथा : 3526 वर्षों का अनसुना इतिहास

हिंदी

13

अन्य पुस्तकें – Notion Press पर उपलब्ध

Notion Press

हिंदी/English

14

स्वर्णप्रस्थ की गाथा (14वीं पुस्तक)

18 जून 2026

हिंदी

13 पुस्तकें Amazon पर | 6 पुस्तकें Google पर | 5 पुस्तकें Notion Press पर | 195 देशों में उपलब्ध

संपर्क एवं सोशल मीडिया

वेबसाइट: www.nareshswaminimbark.in

ईमेल: swaminareshkumar486@gmail.com

स्वर्णप्रस्थ की गाथा : 3526 वर्षों का अनसुना इतिहास

WhatsApp: +91-9013535190

सोशल मीडिया: Facebook | Instagram | YouTube

पता: 7/1, ग्राम रामनगर, पोस्ट सनपेड़ा, तहसील गन्नौर, जिला सोनीपत, हरियाणा – 131039

उपसंहार

स्वर्णप्रस्थ की गाथा – एक अखंड सनातन धारा

यह पुस्तक एक यात्रा है – 3526 वर्षों की उस अखंड यात्रा की – जो महाभारत काल से आरंभ होकर आज के आधुनिक भारत तक अनवरत चलती आ रही है।

'स्वर्णप्रस्थ की गाथा' लिखते समय मेरे मन में बार-बार एक विचार आया – इतिहास केवल तिथियों और घटनाओं का संग्रह नहीं है। इतिहास उस चेतना का नाम है जो पीढ़ी-दर-पीढ़ी प्रवाहित होती रहती है। और सोनीपत – जिसे हम स्वर्णप्रस्थ कहते हैं – इस चेतना का जीवंत उदाहरण है।

इस पुस्तक में क्या मिला –

इस पुस्तक के 16 अध्यायों में सोनीपत और उसके आसपास के उन स्थानों का आँखों देखा विवरण प्रस्तुत किया है जो सनातन इतिहास के जीवंत साक्षी हैं –

स्वर्णप्रस्थ संग्रहालय – जहाँ बंदा बैरागी ने मुगल फौजदार की हवेली लूटी – 3 नवंबर 1709

पांडवकालीन कुआँ – काली माता मंदिर – 6000 वर्ष पुरानी पूजास्थली

ठाकुरद्वारा पंचायती मंदिर – 13 फीट स्वर्णध्वज – 3 किलो सोना

पांडु पिंडारा – जींद – पांडवों का 12 वर्षीय तपस्या-स्थल

रामराये – रामहृदय तीर्थ – श्रीराम-लक्ष्मण-सीता का उत्खनित सरोवर

खांडा गाँव खरखोदा – निम्बार्क मठ – बंदा वीर बैरागी का प्रथम सैनिक मुख्यालय

गोहाना – गवमभावना – पृथ्वीराज चौहान का दरियापुर किला – 1192 ईसवी

खरखोदा – मारुति सुज़ुकी – 10 लाख गाड़ियों का भविष्य

निम्बार्क संप्रदाय – इस पुस्तक की आत्मा

इस पुस्तक में एक विशेष सूत्र बार-बार उभरकर आता है – और वह है निम्बार्क संप्रदाय। बंदा वीर बैरागी ने निम्बार्क मठ से अपनी विजय-यात्रा आरंभ की। मैं स्वयं निम्बार्क संप्रदाय का अनुयायी हूँ – इसीलिए इस पुस्तक को लिखना मेरे लिए केवल इतिहास-लेखन नहीं – यह मेरी परंपरा को श्रद्धांजलि है।

– नरेश दास वैष्णव निम्बार्क

सनातन को कोई मिटा नहीं सका

इस पूरी यात्रा में एक बात स्पष्ट हुई –

सनातन को कोई मिटा नहीं सका।

चाहे मुगल आए, चाहे अंग्रेज – स्वर्णप्रस्थ ने अपनी पहचान नहीं खोई।

अंतिम उद्गार

जो नगर पांडवों ने माँगा था –

जो नगर बंदा वीर बैरागी ने आज़ाद किया था –

जो नगर पृथ्वीराज चौहान की वीरगाथा का साक्षी है –

जो नगर 1857 के शहीदों की धरती है –

जिस नगर में आज मारुति सुज़ुकी का स्वर्णिम भविष्य बन रहा है –

वह नगर – स्वर्णप्रस्थ –

आज भी जीवित है।

आज भी गा रहा है अपनी गाथा।

और यह गाथा – अखंड है – अमर है।

– नरेश दास वैष्णव निम्बार्क

18 जून 2026 – पुस्तक प्रकाशन दिवस – सोनीपत

पाठकों के प्रति कृतज्ञता

इस पुस्तक को पढ़ने वाले प्रत्येक पाठक के प्रति मेरी हार्दिक कृतज्ञता। आप तक यह गाथा पहुँची – यही इस पुस्तक की सार्थकता है।

यदि इस पुस्तक को पढ़कर किसी एक पाठक के मन में भी सनातन परंपरा के प्रति श्रद्धा जागे – तो मेरी 18 वर्षों की शोध-यात्रा सार्थक है।

जय श्रीकृष्ण

जय बंदा वीर बैरागी

जय हिंद । भारत माता की जय

– नरेश दास वैष्णव निम्बार्क –

www.nareshswaminimbark.in

चित्र १ : नायब सूबेदार नरेश दास वैष्णव निम्बार्क – संयुक्त राष्ट्र मिशन के दौरान, भारतीय तिरंगे एवं UN ध्वज की छत्रछाया में।

चित्र २ : तत्कालीन रक्षामंत्री श्री जॉर्ज फर्नांडीस के साथ – संयुक्त राष्ट्र शान्तिरक्षा मिशन के अवसर पर।

चित्र ३ : Indian Air Force के IL-78M विमान के साथ – UN मिशन हेतु प्रस्थान के पूर्व।

चित्र ४ : लेखक नरेश दास वैष्णव निम्बार्क अपने सहयोगी मास्टर जगबीर वैष्णव के साथ – स्वर्णप्रस्थ संग्रहालय, सोनीपत।

चित्र ५ : स्वर्णप्रस्थ संग्रहालय, सोनीपत में संरक्षित ब्रिटिशकालीन भाप-चालित रोलर – खुदाई में प्राप्त ऐतिहासिक यंत्र।

चित्र ६ : स्वर्णप्रस्थ संग्रहालय, सोनीपत – महाभारतकालीन एवं प्राचीन मूर्तिशिल्प। लेखक का शोध-भ्रमण।

www.ingramcontent.com/pod-product-compliance
Lightning Source LLC
LaVergne TN
LVHW100309210926
848480LV00003B/1074